KNAUR

Julia Latscha

LAUTHALS LEBEN

Von Lotte,
dem Anderssein und meiner Suche
nach einer gemeinsamen Welt

KNAUR

Besuchen Sie uns im Internet:
www.knaur.de

FSC
www.fsc.org
MIX
Papier aus verantwortungsvollen Quellen
FSC® C083411

Originalausgabe April 2017

Ein Imprint der Verlagsgruppe
Droemer Knaur GmbH & Co. KG, München

Covergestaltung: ZERO Werbeagentur, München
Coverabbildung: Julia Zimmermann
Satz: Adobe InDesign im Verlag
Druck und Bindung: CPI books GmbH, Leck
ISBN 978-3-426-21413-8

2 4 5 3 1

Für Lotte und Kasimir

Es mag mir geschehen, was will, ich verliere nie die Gewissheit, dass hinter mir Arme geöffnet sind, um mich aufzunehmen
– Lou Andreas Salomé

Prolog

Alle in Berlin haben irgendwelche Projekte. Ich habe auch eins. Ein ziemlich großes sogar. Ich will ein Leben mit Lotte. Und das nicht am Rande der Gesellschaft. Daran arbeite ich seit Jahren. Ich bin alles Mögliche: atemlos, ratlos, kraftlos. Oder habe ich das große Los gezogen? Warum? Weil mich das Leben mit Lotte immer wieder auf essenzielle Themen stößt. Ich kann ihnen nicht ausweichen. Sie sind groß und mächtig. Während meiner Schulzeit habe ich regelmäßig den Sportunterricht geschwänzt, wenn Hürdenlauf auf dem Plan stand. Heute mag ich Herausforderungen. Manche überspringe ich mit Leichtigkeit. An anderen Stellen stolpere ich oder bleibe kurz vor dem Absprung stehen. Dann gehe ich zurück und nehme erneut Anlauf. Einige Hindernisse sind zu hoch, jedenfalls zum jetzigen Zeitpunkt. Ich muss warten. Es ist eine Illusion zu meinen, dass die Hürden im Leben irgendwann weniger werden. Und Schnelligkeit erhöht nur die Anzahl der neuen Herausforderungen. So meine Erfahrung. Ausdauer und Beweglichkeit sind wichtige Voraussetzungen. Sportlich sein hilft.

Ich bin also auch: kraftvoll, freudvoll und temperamentvoll. Zumindest immer wieder.

Wir stehen am U-Bahnsteig. Ich schiebe den Rollstuhl erst zum linken Ausgang, dann zum rechten. Wir sitzen fest. Beide Fahrstühle funktionieren nicht. Weit und breit ist keine Menschenseele zu sehen.

»So ein Mist«, sage ich laut.

Lotte steckt ihre Hand in den Mund und beißt auf ihren Fingern herum.

»Keine Sorge. Wir finden schon einen Ausweg.«

Ich streiche ihr die blonden Haare aus dem Gesicht und wische die Spucke weg. Gemeinsam bewegen wir uns weiter den Bahnsteig auf und ab. Ich laufe vorneweg, Lotte schiebt sich hinter mir her.

Ich entdecke eine Notrufsäule. Einen kurzen Moment zögere ich. Ist es ein Notfall, am normalen Leben teilhaben zu wollen? Ich drücke den SOS-Knopf. Es klingelt.

»Hallo, wie kann ich helfen?« Eine männliche Stimme begrüßt mich.

»Meine Tochter sitzt im Rollstuhl, und beide Fahrstühle sind kaputt.«

»Verstehe, fahren Sie einfach eine Station weiter. Dort funktioniert der Aufzug.«

»Ich muss aber hier aussteigen. Wir haben einen Therapietermin.«

»Wie gesagt, nehmen Sie die U-Bahn, und steigen Sie an einer anderen Haltestelle aus.«

Ein Klicken verrät, dass die Stimme das Gespräch beendet hat. Erst schüttele ich den Kopf, dann trete ich gegen die Sprechanlage, und schließlich beschimpfe ich die stumme Säule vor mir. Ich zögere und presse erneut meinen Zeigefinger auf den runden Knopf.

»Hallo?« Es ist dieselbe Stimme, nur unfreundlicher.

»Ich möchte genau hier mit meiner Tochter aussteigen und werde so lange den Notrufknopf drücken, bis mir jemand beim Tragen des Rollstuhls hilft«, drohe ich.

Klick. Eine U-Bahn kommt, Menschen steigen aus, ich spreche niemanden an. Jetzt will ich es wissen. Fünf Minuten später schleichen zwei unmotiviert aussehende Männer in gelben Neonwesten den Bahnsteig entlang. Sie haben keine Eile. Ich schon. Ungeduldig laufe ich ihnen entgegen.

»Ich brauche Hilfe. Der Rollstuhl samt meiner Tochter ist zu schwer für mich.«

Beide blicken mich an. Lotte winkt. Wortlos begleiten sie uns zur Treppe.

»Vielleicht tragen wir erst meine Tochter und dann den Rollstuhl nach oben? Das ist rückenschonender.«

Nicken.

»Meine Tochter heißt Lotte«, ergänze ich.

Beide Männer schauen mich an. Lotte erntet keinen Blick und keine Begrüßung. Sie winkt weiterhin motiviert.

»Wo soll ich Ihre Tochter anfassen? Ich habe noch nie so ein Kind getragen.« Der größere Mann krempelt seine Ärmel hoch. Es hat den Anschein, als wolle er Zementsäcke nach oben schleppen. Stattdessen sitzt ein schlankes vierzehnjähriges Mädchen vor ihm.

»Sie nehmen die Beine und ich den Oberkörper«, erkläre ich.

Lotte findet das Unterfangen spannend. Ihr ganzer Körper zappelt vor Freude, als ich sie aus dem Rollstuhl hebe. Die Abwechslung macht ihr Spaß. Immer wieder winkelt sie ihre Beine an, sodass der Mann unsicher ihre Füße fallen lässt. Wir schaffen es kaum die Treppe hoch. Ich japse, und der Mann schwitzt. Der Rollstuhl folgt kurze Zeit später. Lotte bedankt sich mit einem kleinen Applaus. Ich mich mit einem Wort. Das »Dankeschön« vibriert noch auf meinen Lippen, da blicke ich schon auf die Rücken der Männer. *Sicherheitsdienst* steht auf ihren grellen Westen.

Noch vor einiger Zeit hätte ich erst meine Tochter und dann den Rollstuhl alleine die Treppen hochgetragen. Ich wollte nie von anderen abhängig sein. Heute weiß ich, dass ein Leben mit Lotte nur mithilfe von anderen Menschen gelingen kann.

Auch nach vierzehn Jahren berührt mich die Unsicherheit der anderen. Häufig lasse ich mich von diesem Gefühl anstecken. Manchmal werde ich wütend und ungeduldig. Was denkt Lotte in solchen Situationen?

»Alles gut?«, frage ich.

Sie antwortet nicht. Eine entgegenkommende Fahrradfahrerin zieht sie in den Bann. Lotte mag Bewegung und Schnelligkeit. Sie ist gerne unterwegs. Sie lacht. Im Gegensatz zu mir scheint sie nicht nachtragend zu sein.

Bei mir lösen manche Verhaltensweisen einen Rattenschwanz an stillen Vorwürfen aus. Vor allem, wenn sich Unsicherheit in Ignoranz oder Arroganz äußert. Dann melden meine Rezeptoren Schmerzen in der Herzregion und Wut im Bauch. Der Fluchtreflex springt an. Nur selten starte ich eine verbale Gegenattacke.

Auf dem Rückweg erkläre ich meine Teilhabemission für heute für beendet. Wir gehen zehn Minuten in die falsche Richtung und nehmen den funktionierenden Fahrstuhl an der nächsten U-Bahn-Station. Ich will nicht noch einmal um Hilfe betteln. Ich will generell nicht mehr dankbar sein müssen, wenn mir Menschen in Situationen wie dieser behilflich sind. Vor allem dann nicht, wenn Fahrstühle defekt, Stufen vor Gebäuden zu hoch oder Eingänge zu schmal sind. Regelmäßig warten wir gemeinsam mit den Hunden draußen vor Geschäften. Manchmal reichen uns Menschen Dinge heraus, oder ich springe kurz rein und blicke nervös zu Lotte, die vor der Tür wartet. Zu viele Menschen haben Rückenprobleme, Berührungsängste oder einfach keine Zeit.

Das U-Bahn-Fahren stimuliert Lotte. Sie bewegt sich hektisch zu den Fahrgeräuschen und gibt bewundernde Laute von sich.

Ich weiß nicht, was sie gerade denkt. Aber sie denkt ganz viel. Ich habe gelernt, mit meiner Tochter zu sprechen, auch wenn sie überwiegend schweigt. Am Anfang fiel mir das nicht leicht. Besonders unangenehm waren die Situationen, in denen ich den Blicken anderer nur schwer ausweichen konnte. In der U-Bahn, in Warteschlangen oder im Fahrstuhl übte ich mich in Gelassenheit und Toleranz. Die neugierigen Blicke der anderen ließen mich meine Stimme runterdimmen. Ich achtete mehr auf die Reaktionen der Menschen als auf die meiner Tochter.

Heute stelle ich ihr Fragen. Sie antwortet mit *Ja* und *Nein*. Nicht immer adäquat, zumindest nicht aus meiner Sicht. Sie kann *Mama* und *Papa* sagen. *Hunger*, *bitte* und *noch mal*.

Auch wenn Lotte nur vereinzelte Wörter spricht, kann sie sich gut mitteilen. Vor allem ihre Wut und Freude. Wenn Lotte sich ärgert, beißt sie ihre Hände blutig. Sie kann so laut und lange brüllen, dass Trommelfell und Nerven zu zerfetzen drohen. Wir haben zu Hause schon über Lärmschutz-Kopfhörer nachgedacht. Dort ist Lotte ständig wütend.

Doch sie kann auch anders. Lottes Lachen ist ansteckend. Wenn sie sich freut, wirft sie ihre Arme in die Luft. Lautes Entzücken plumpst aus ihrem Mund. Sie mag Musik und Menschen. Und Reiten. Und Thermalwasser. Und Würstchen. Wäre der Alltag ununterbrochen mit alldem gefüllt, was Lotte glücklich macht, wäre unser Leben, zumindest was das Schreien betrifft, harmonischer.

Aber nicht nur Lotte hat Bedürfnisse. Mein Handy klingelt.

»Mama?« Eine heisere Stimme ist in der Leitung.

»Kasimir?«

»Wo bist du?«, fragt er.

»In der U-Bahn. Ich war mit Lotte bei der Physiotherapie. Wir sind gleich zu Hause. Wo bist du?«

»Vor der Haustür. Ich habe meinen Schlüssel vergessen.«

Im Hintergrund höre ich andere Kinderstimmen.

»Knut und Albert sind auch hier. Wir haben bei den Nachbarn geklingelt und warten jetzt im Garten auf dich.«

Kasimir legt auf, bevor ich antworten kann. Die Telefongespräche mit ihm sind kurz und effektiv. Kasimir ist Lottes drei Jahre jüngerer Bruder. Er ist frech und geduldig und liebevoll mit seiner Schwester. Kasimir mag Lotte genau so, wie sie ist. Nur ihr ohrenbetäubendes Brüllen stört auch ihn.

Die U-Bahn ist voll. Immer mehr Menschen drängen sich um uns. Lotte sieht nur Hosenbeine. Taschen hängen vor ihrer Nase. Sie greift nach Riemen und Stoffen. Niemandem gefällt das. Graue Gesichter drehen sich weg, Hinterteile wenden sich uns zu. Lotte starrt auf Streifen, Karos und gedeckte Farben. Ich blicke auf die Stationsschilder in den U-Bahnhöfen. Lotte meckert. Die Fahrt dauert noch zehn Minuten.

»Willst du Musik hören?«, frage ich meine Tochter.

»Ja«, ruft sie.

Ich krame in meinem Rucksack und setze ihr bunte Kopfhörer auf. Dann drückt mein Finger auf die Play-Taste. Ich weiß, was Lotte jetzt gefällt. Kasimir und ich haben uns bereits an so einige Lieder gewöhnen müssen. Die ersten Takte wippt nur Lottes Oberkörper zur Musik. Dann singt sie die Melodie von *Atemlos durch die Nacht* von Helene Fischer lauthals mit.

Alle gucken.

1

Ich habe mir mein Leben immer ganz anders vorgestellt. Unkomplizierter. Kinder gehörten definitiv dazu. Mindestens drei sollten es sein. Jetzt habe ich zwei, und ich bin angestrengt, als ob es fünf wären. Beruflich habe ich mich als Entwicklungshelferin in fernen Ländern gesehen. In gewisser Weise bin ich das auch geworden. Nur eben nicht in der Ferne, sondern hier in meinem Leben mit Lotte. Tagtäglich unterstütze ich meine Tochter in ihrer Entwicklung und helfe ihr, im Leben klarzukommen.

Spastisch-athetotische infantile Cerebralparese lautet die medizinische Diagnose. Lotte hat eine Tetraparese. Die Bewegung in ihren Armen und Beinen ist eingeschränkt. Es steht noch mehr in den Befunden: *Mikrocephalie; kombiniert umschriebene Entwicklungsstörung bei Intelligenzminderung mit deutlichen Verhaltensauffälligkeiten; oppositionelles Trotzverhalten; Störung des Schlaf-wach-Rhythmus und symptomatische Epilepsie.*

Lotte ist auf permanente Hilfe angewiesen.

Ein Fahrdienst bringt sie morgens zur Schule. Um Viertel nach sieben wird Lotte vor unserer Haustür abgeholt. Manchmal wird sie auch nachmittags zurückgebracht. Olaf hebt Lotte aus dem Bus in ihren Rollstuhl. Seine Mütze landet auf dem Boden.

»Immer derselbe Witz«, sagt er. »Und nie bin ich darauf vorbereitet.«

Beim Wegfahren winkt er. Die anderen Kinder aus dem Bus tun dasselbe.

»Bis morgen«, rufe ich.

Lotte mag diesen Fahrer. Und seine Mütze.

Unsere Wohnung ist in der dritten Etage. Der Fahrstuhl fährt nur bis zur zweieinhalbten. Die Treppe ist unser Nadelöhr. Wir wohnen nicht barrierefrei. Bis heute wollte ich mir beweisen, dass Lottes Behinderung kein Grund sein muss, meine lichtdurchflutete schöne Wohnung zu verlassen. Inzwischen ist mir klar, dass wir dringend umziehen müssen.

Kasimir fährt seit der dritten Klasse alleine mit dem Fahrrad zur Schule und zurück. Er spielt am Nachmittag mit seinen Freunden. Für Lotte bin ich das Animationsprogramm.

Sind wir endlich oben in der Wohnung angekommen, klopft sie schon ungeduldig auf ihre Schuhe.

Mama, ausziehen heißt das.

Während ich dann vor Lotte knie, die Klettverschlüsse von ihren Fußorthesen öffne und schnaufend an den engen Plastikschienen ziehe, zeigt ihre Hand bereits in eine Ecke des Wohnzimmers. Dort steht unsere Musikanlage.

»Da«, sagt sie und macht eine Handbewegung wie ein Dirigent, der sein Orchester zum ersten Ton bewegt. Dann tippt sie auf ihren Mund. »Tee« und »Hunger«, artikuliert sie schwer verständlich.

Ihre Bedürfnisse sollen alle auf einmal befriedigt werden. In Lottes Welt herrscht Gleichzeitigkeit. In meiner leider nicht.

»Wir können den Alltag mit Lotte nicht mehr lange stemmen«, sage ich und zupfe nervös am Deko-Deckchen. Die roten Plastikblumen vor mir schwanken bedrohlich. Ich sitze in der dreizehnten Etage beim Jugendamt. Neben mir wühlt Sebastian in seiner Tasche. Er legt einen weißen Block und einen Kugelschreiber auf den Tisch.

»Schön, dass Sie beide kommen konnten«, sagt Frau

Hendriks. Sie ist unsere zuständige Fallmanagerin. Wir sind einer von vielen Fällen. Keine Ausnahme.

Frau Hendriks zieht ein Taschentuch aus dem Ärmel und schnäuzt darin ihre spitze Nase. »Heuschnupfen«, erklärt sie.

»Das Treffen ist uns wichtig«, betont Sebastian.

Er erläutert zum wiederholten Male die familiären Herausforderungen und Lottes Bedürfnisse. Seine Worte sind gut gewählt. Sebastian ist Rechtsanwalt, Fachanwalt für Sozialrecht, und er ist Lottes und Kasimirs Vater.

Berlin sieht von oben ganz anders aus, stelle ich fest. Irgendwie übersichtlicher. Breitspurig ziehen sich Straßen durch die Plattenbauten. Dazwischen wiegen vereinzelte Bäume ihre Äste im Wind. Großstadtgeräusche dringen durch das gekippte Fenster.

»Kaffee?«, fragt Frau Henriks.

Sebastian und ich schütteln den Kopf. Unser Verhältnis zum Jugendamt ist gespalten. Wir bekommen nicht die Hilfe und Unterstützung, die wir brauchen. Deswegen streiten wir. Mittlerweile juristisch. Diesmal hoffen wir auf eine Einigung.

»Ich kenne Ihre Situation.« Frau Hendriks hält kurz inne. »Trotzdem wird das Jugendamt Ihre beantragten Stunden auf Einzelfallhilfe nicht bewilligen können«, erklärt sie und lächelt. Das Überbringen von Hiobsbotschaften scheint ihr nicht schwerzufallen. Wahrscheinlich sind wir nicht der erste Fall, der heute diese Entscheidung übermittelt bekommt. Gespart wird überall. Auch in der Abteilung *Eingliederungshilfe*. Gar nicht so einfach, mit einem Kind mit Behinderung Teil der Gesellschaft zu bleiben. Oder es überhaupt zu werden. Alles eine Frage der eigenen Haltung, des eigenen Engagements und des eigenen Geldes. So die Tendenz. Aber was ist mit der Verantwortung der anderen? Mich macht das wütend. Ich beiße mir auf meine Zunge. Heute will ich mich beherrschen. Der Blick aus dem Fenster beruhigt mich.

Frau Hendriks dekoriert mit Gesten und Paragrafen ihre Ausführungen. Die Argumente des Jugendamtes überzeugen uns nicht. Sebastian bietet Paroli und macht Notizen. Ich versuche sachlich zu bleiben. Jahrelang war die Bewilligung von fachlich ausgebildeten und kompetenten Menschen zur Förderung unserer Tochter kein Problem. Irgendwann wurden die Stunden der Einzelfallhilfe auf ein Minimum reduziert. Jetzt soll uns die neue Sparpolitik zwingen, den größten Teil der Kosten selbst zu tragen. Wir müssen improvisieren und stolpern über unsere auf dem Boden hängenden Zungen. Schadensbegrenzung ist das alltägliche Motto. Ich will aber mehr als das.

Die Blumen schwanken. Dann kippen sie um. Kein Problem. Sie sind ja aus Plastik. Die Fallmanagerin stopft das Gestrüpp zurück ins Glas. Aus ihren Akten erscheinen alternative Angebote und Vorschläge, die sie auf den Tisch legt. Nichts, was unsere Situation entschärfen könnte. Zumindest nicht zum jetzigen Zeitpunkt. Ich schüttle vehement den Kopf, Frau Hendriks die Dosenmilch. Die scheint in einen anderen Aggregatszustand übergegangen zu sein. Ein weißer Brocken landet in ihrem schwarzen Kaffee.

»Haben Sie mal über eine stationäre Unterbringung für Ihre Tochter nachgedacht?«, fragt Frau Hendriks unvermittelt.

Das Jugendamt will uns dafür gewinnen, Lotte jetzt schon in einer Einrichtung für Kinder und Jugendliche mit Behinderung leben zu lassen. Je länger wir damit warten, desto weniger gute Plätze gebe es und desto schwieriger gestalte sich der Abnabelungs- und Eingewöhnungsprozess. Die Pubertät sei ein guter Zeitpunkt für diesen Schritt – so die Erfahrung.

Ich habe schon über vieles nachgedacht. Vor allem dann, wenn mir der Atem ausging. Für das Leben mit Lotte verbiege ich mich, kremple Tage und Strukturen um, versuche flexibel zu bleiben. Und vor allem auch eine Familie. Nichts funktioniert in unserem Alltag von alleine. Ununterbrochen müssen Anträge gestellt und Widersprüche eingelegt werden. Wir brauchen einen Einfall, keinen Wegfall. Vielleicht auch mal Beifall statt immer nur Kniefall. Das Jugendamt könnte unser Zusammenleben stärken. Zumindest solange Lotte noch ein Kind ist.

Die Aufzugstür schließt sich. Frau Hendriks fährt mit uns nach unten. Wir halten die Köpfe hoch. Das Gericht wird entscheiden. Irgendwann. Bis dahin machen wir weiter. Irgendwie.

»Das Schreiben wird Ihnen per Post zugestellt.« Frau Hendriks gibt uns die Hand.

Die Fallmanagerin verschwindet samt Aktenstapeln unter ihrem Arm in einem Gang, von dem endlos viele Türen abzugehen scheinen. Wir treten durch die große Glastür nach draußen ins Freie. Ich rieche den Frühling.

Sebastian wirft sich die Tasche über die Schulter, faltet seine braunen Haare unter den Fahrradhelm und fährt nach links in Richtung Kanzlei. Ich biege nach rechts in die Innenstadt ab, vorbei an blühenden Tulpen. Eine Amsel trällert ihre Morgenweise.

Die Auseinandersetzung mit den Ämtern, die Anträge für Hilfsmittel und Hilfsleistungen, das ist die eine Seite der Medaille. Die andere Seite ist der innere Kampf.

Abends, wenn alles still ist, wenn die Kinder schlafen, fahren meine Gedanken hoch. Ich finde keine Ruhe und wälze mich von links nach rechts. Wie gerne würde ich nachts mein Gehirn in einem Wasserglas neben dem Bett aufbewahren. Stattdessen spuken Fragen durch meinen Kopf:

Darf ich mich nach einem anderen Leben sehnen? Die tägliche Pflege meiner Tochter nervt mich. Windeln wechseln, waschen, anziehen, kämmen, Zähne putzen und wieder waschen und Windeln wechseln. Und das schon seit vielen Jahren. Ich bin regelmäßig am Limit, gereizt und ungeduldig. Aber: Darf ich überhaupt genervt sein von der Pflege meiner eigenen Tochter? Die Behinderung ist weder ihre noch meine Schuld. Natürlich ist es überflüssig zu fragen, ob ich diese Gedanken und Gefühle überhaupt haben darf. Fakt ist, ich habe sie. Was mache ich damit? Augen zu und durch, könnte die Antwort lauten. Aber das versuche ich schon seit Jahren, und es macht uns alle nicht glücklich. Was kann ich ändern? Sicherlich ganz viel. In manchen Momenten weiß ich nicht, wo ich anfangen soll. In unerträglichen Situationen droht Kasimir seiner Schwester: »Wenn du nicht aufhörst zu schreien, musst du ausziehen.«

Den Satz hat er von mir übernommen. Ich weiß, dass diese Drohung unfair ist. Häufig stecke ich im Sumpf des Frustes fest. Später tun mir die lieblosen Worte leid. Deswegen will ich den Vorschlag von Frau Hendriks vom Jugendamt auch nicht hören. Wir sind alle gestresst. Aber keiner von uns kann sich einen Alltag ohne Lotte vorstellen. Lotte ist wichtig und besonders in unserem Leben. Sie hat Talente und ein großes Herz. Ihr Humor bringt Sebastian und mich zum Lachen. Kasimir braucht seine Schwester, nicht nur zum Spielen und Quatschmachen. Er sucht bei ihr Trost. Großzügig wird Kasimirs Gesicht dann mit zärtlichen und feuchten Küssen übersät. Die Umarmungen tun ihm gut. Lotte gehört zu ihm, auch dann, wenn sie stundenlang brüllt und ihm die Ohren davon schmerzen.

2

Als Lotte auf die Welt kam, war sie mucksmäuschenstill. Über ihren ersten Schrei freuten wir uns. Auch noch über den zweiten und dritten.

Die Geburt begann zwei Tage vor dem errechneten Termin mit leichten Wehen. Ganz normal eigentlich. Mein Gefühl sagte mir aber, dass irgendwas nicht in Ordnung war. Ich fuhr mit dem Taxi ins Krankenhaus. Sofort beugte sich ein Mann über meine Liege, *Arzt in Praktikum* las ich auf seinem Schild.

»Könnte ich bitte was zu trinken bekommen?«, fragte ich.

Eine Krankenschwester stellte mir ein Glas Wasser hin. Prophylaktisch auch eine Nierenschale.

Der junge Arzt, vielleicht Ende zwanzig mit schwarzen glatten Haaren und einem unsicheren Lächeln, schüttelte die Flasche mit Kontaktgel. Seinen Kopf bewegte er hektisch hin und her. Wie ein Huhn auf der Suche nach Futter. Ich zuckte zusammen. Das kalte Gel verbreitete sich auf meinem Bauch. Lautlos glitt der Ultraschallkopf darüber. Auf dem Bildschirm sah ich hohe Wellen, die gegen Felsen schlugen. Ungetüme aus endlosen Tiefen auftauchen. Die Weltmeere schienen zu beben. Ich fühlte mich schlecht. Seit Stunden hatte ich keine Kindsbewegungen mehr gespürt. Auch das schien normal zu sein. Die Übelkeit erst recht.

»Was sehen Sie?«, fragte ich nervös.

Der Arzt saugte die Luft wie durch einen Strohhalm langsam ein.

»Bisher nichts Dramatisches. Ihr Kind hat einen schnellen Herzschlag«, antwortete er. »Vielleicht ist es genauso aufgeregt wie Sie. Halten Sie noch mal still«, sagte er und erhöhte den Druck der Ultraschallsonde auf meinen Bauch. »Was ist das denn?«, murmelte er vor sich hin. Seine Augen suchten in den Gezeiten der Meere nach einer Erklärung. »Irgendwas ist nicht in Ordnung«, erklärte er. »Aber was, kann ich Ihnen nicht sagen.«

In diesem Moment stürmte Sebastian in mein Zimmer.

»Da bin ich«, sagte er. »Ich habe dich nicht gleich finden können.« Er nahm meine feuchte Hand.

»Was ist mit unserem Kind?«, fragte er den Arzt.

Der schwieg. Wie ein Tier auf Beutejagd umkreiste der Ultraschallkopf immer wieder dieselbe Stelle. Aus dem Nebenraum zerrissen Schreie die Stille.

»Das weiß ich nicht.« Der junge Arzt stand in gebückter Haltung vor uns. Mit einem Papiertuch wischte er meinen Bauch trocken. Ich starrte auf den Bildschirm und sah nur schwarz-weißes Rauschen.

»Dann holen Sie einen Kollegen«, forderte Sebastian.

Der Arzt schlich reptilienartig aus dem Untersuchungszimmer. Ich holte tief Luft. Die Angst pochte in meinem Hals. Sebastian drückte seine kalte Wange gegen meine Tränen. Mit seinen Fingern strich er durch mein Gesicht und verteilte gerecht die verlaufende Schminke. Seine dunklen Augen bohrten sich in meinen Kummer. Auch er schien besorgt zu sein.

»Wenn der Arzt gleich zurückkommt, werde ich darauf bestehen, dass sofort der diensthabende Oberarzt gerufen wird. Mach dir keine Sorgen«, versuchte er mich zu beruhigen. »Alles wird gut.«

Er legte seine Hände auf meinen Bauch. Seit zwölf Monaten waren wir ein Paar. Wir hatten uns bei einem Abendessen in Hamburg kennengelernt. Und uns gleich verliebt.

Die Schwangerschaft war nicht geplant. Kurz vor der Geburt war ich zu Sebastian nach Berlin gezogen. Wir freuten uns auf unser Kind.

Irgendwann erschien der Oberarzt. Ratlos schaute er sich die Werte des Wehenschreibers an. Berge und Täler. Sein Finger wanderte über die Kurven auf dem Papier.

»Die Tachykardie Ihres Kindes beunruhigt mich«, sagte er. Doktor Möhring war ein rundlicher Mann. Die Haare hatten sich zum Teil schon verabschiedet. Der Rest klebte etwas ungelenk am Kopf. In seinen Augen kauerte noch der Schlaf. Unentschlossen kratzte er sich am Kinn.

Der schnelle Herzschlag könne auch normal sein, erklärte er. Er wolle zu diesem Zeitpunkt keine Entscheidung treffen. Es folgten stundenlanges Warten und Nicht-Wissen im Krankenhaus. Ein Babyschrei drang durch die Wände. Unterhaltungen wurden geführt. Krankenschwestern erschienen. Ein paar Wortfetzen erreichten mich.

»... junge Mutter, erstgebärend, ängstlich.«

Das stimmte alles. Diese Aussagen waren keine Erklärung für meinen Zustand. Ich spürte, dass mein Kind in Not war.

Als die Beleghebamme eintraf, kam Bewegung auf. Mehrere Hände hielten und drehten mich. Der Anästhesist schob mir eine lange Nadel in den Rücken. Ich spürte einen harten Druck und dumpfen Schmerz. Das halte ich nicht lange aus, dachte ich.

»Sie haben es gleich geschafft«, ermutigte mich die Hebamme. »Die Nadel ist schon fast am Ziel.«

Ich saß gekrümmt auf dem Bett. Plötzlich war der Schmerz nicht mehr zu ertragen. Ich heulte laut auf. Und das Gefühl verschwand aus meinen Beinen. Unter meinem Flügelhemd spürte ich weder kalte Hände noch das Ende des Reflexhammers, der über meine Haut strich. Ich war wie gelähmt und dachte an Klara Sesemann aus dem Heidi-Roman.

Die Krankenschwestern legten mir einen Wehentropf. Das Regulationsrädchen am Schlauch wurde geöffnet. Eine halbe Nacht lang war nichts geschehen, und jetzt passierte alles auf einmal. Unsere Tochter sollte so schnell wie möglich auf die Welt kommen.

»Heldin im Chaos«, sagte Sebastian.

Alles nahm seinen Lauf. Die Hebamme drückte die Sonden des Herzton-Wehenschreibers auf meinen Bauch. Ein schnelles Klopfen war zu hören. Diesen Ton werde ich nie vergessen. Ein Rasen, als ob unser Kind einen Marathon laufen würde. Weiter, immer weiter, bitte keine Pause, dachte ich. Du schaffst das. Der Klang des Lebens erfüllte unseren Raum. Dann war es still. Die Hebamme schob die Sonden hin und her. Ein leises Klopfen war wieder zu hören.

»Das ist die Bauchschlagader von Frau Latscha«, sagte Doktor Möhring.

Und dann drückte der Oberarzt den roten Notfallknopf. Sie rannten und brüllten. Niemand sprach mit mir. Sebastian ließ meine Hand los. Hilfesuchend blickte ich ihn an. Er öffnete seinen Mund. Ich konnte nichts hören. Jemand hatte die Lautstärke rausgedreht. Nur Rauschen war in meinen Ohren. Mein Bett wurde über den Flur geschoben. Sebastian musste vor dem OP warten.

»Ich will nicht sterben.« Meine Worte klatschten gegen die Wand und fielen zu Boden. Unbeachtet blieben sie dort liegen. Eine Ärztin nahm meinen Arm, stach daran herum, und alles wurde schwarz.

Jemand beugte sich über mich. Es war Doktor Möhring. Ich befand mich in einem Bett auf dem Flur des Krankenhauses. Einige Menschen liefen an mir vorbei. Das grelle

Licht stach in meine Augen. Ich hob den Kopf. Mein großer Bauch war verschwunden.

»Wo ist mein Kind?«, fragte ich.

Es habe Komplikationen gegeben. Meine Tochter liege auf der Intensivstation. Und schon eilte Doktor Möhring im blauen Gewand den Gang hinunter und verschwand. Es war sieben Uhr morgens. Das war keine normale Geburt. Das war Lottes Geburt.

Sebastian ging schweren Schrittes neben meinem Bett die langen Flure entlang. Sie schoben mich auf die Wöchnerinnenstation. Mein Körper schmerzte. Ich versuchte, in den Bauch zu atmen. Mein Atem fand den Weg nicht. Einen Blick unter die Decke wagte ich nicht. Selbstverständlich war ich davon ausgegangen, beim Erwachen meine Tochter im Arm zu halten. Bilder von glückseligen Paaren, die verliebt ihr gerade geborenes Kind anstrahlten, waberten durch meinen Kopf. Graue Wolken zogen auf. Ich ahnte, dass etwas Schlimmes passiert war. Meine Gedanken waren von der Vollnarkose wirr, mein Gefühl ganz klar. Die immer wiederkehrende Frage »Wo ist mein Baby?« machte Sebastian nervös.

»Ich weiß es nicht. Hör auf, mir diese Frage zu stellen.« Sein Ton stach in mein Ohr. Er selbst hatte unsere Tochter auch nicht gesehen. Später erfuhren wir, dass Lotte mehrmals reanimiert werden musste. Hat dieses Erlebnis Lotte stark gemacht? Oder traumatisiert? Fragen, auf die es keine Antworten gibt.

Im Zimmer angekommen, wurde Sebastian wütend. Niemand hatte mit ihm gesprochen. Keiner hatte uns erklärt, was mit Lotte los war. Sebastian schob die Hände in seine Hosentaschen, und mit einem lauten Knall riss er beide Innentaschen gleichzeitig aus seiner Cordhose raus. Wir starrten die trostlosen Stofffetzen in seinen Händen an und schwiegen. Der Optimismus war uns davongerannt. Ich schlief ein und erwachte zwischendurch nur kurz. Dann blickte ich stumm in die bunten Blätter vor meinem Fenster. Sie schienen mir abschiedsvoll zuzuwinken. Wovon sollte ich mich verabschieden? Alles war anders gekommen als gedacht.

»Unsere Tochter ist wunderschön.« Sebastian schwenkte ein Polaroid-Foto vor meinem Gesicht hin und her. Auf dem Bild war ein mit Schläuchen und Kabeln übersäter halbnackter Säugling zu sehen.

Lotte lag auf der Intensivstation für Neugeborene. Jeden Tag schlurfte ich mehrmals in gebückter Haltung über den Stationsflur zum Fahrstuhl. Die Schmerzen nach dem Kaiserschnitt waren hartnäckig. Mir begegneten Mütter in Bademänteln, lächelnde Väter und Verwandte mit Blumen in Cellophanpapier. Sie wiegten ihre Kinder im Arm oder schoben sie in Bettchen mit rosa und blauer Bettwäsche vor sich her. Der Anblick fiel mir schwer. Auch wenn ich über niedere Gefühle gerne erhaben gewesen wäre, spürte ich Neid. Auf meinem Krankenhaus-Nachttisch stand nur ein Foto von Lotte. Dieser Anblick sollte den Milchfluss beim Abpumpen stimulieren. Das funktionierte tatsächlich.

Ich nahm den Aufzug und fuhr zwei Etagen nach unten. Auf der Intensivstation begegneten mir weniger Bademäntel und gar keine Blumen. Hier fühlte es sich normal für mich an, mit anderen Müttern und Vätern ins Gespräch zu kommen. Das lag an der gemeinsamen Herausforderung. Wir saßen in einem Boot und ruderten gegen den Strom. Mal mehr und mal weniger erfolgreich.

Lotte lag in einem Wärmebettchen. Auf ihrer Bettwäsche machten kleine Elefanten Kopfstand. Im Gegensatz zu ihr. Ein Hirnödem hatte sich gebildet. Lottes Gesicht war angeschwollen, und die Augen waren fest verschlossen. Die ersten Tage musste sie beatmet werden. Der

Schlauch der Magensonde stach gewaltsam durch ihr Nasenloch. Er war mit einem großen Pflaster in Herzform auf ihrer Wange befestigt. Über Lottes Kopf schwebte ein Mobile. Um uns herum piepten und schnauften die Geräte. Fünf weitere Babys lagen mit ihr im Zimmer. Für die Eltern gab es hier keinen Platz zum Schlafen. Tagsüber saß zumindest ein Elternteil neben fast jedem Kinderbett. Die Stimmung auf der Station schwankte zwischen Euphorie und Verzweiflung. Genau wie bei uns. Wir waren beim Anblick unserer Tochter unendlich glücklich und im nächsten Moment total verzweifelt. Die ersten Tage durften wir Lotte nicht auf den Arm nehmen. Sie brauchte absolute Ruhe. Eine frühzeitige Plazenta-Ablösung hatte einen schweren Sauerstoffmangel bei ihr verursacht. Alle Organe waren in Mitleidenschaft gezogen. Wie sich später herausstellen sollte, war die Schädigung des Gehirns irreparabel.

In den ersten Lebenstagen litt Lotte unter epileptischen Anfällen. Deswegen bekam sie ein starkes Beruhigungsmittel. Unsere Tochter schlief Tag und Nacht. Wir sangen Kinderlieder und lasen Geschichten vor, während wir ungeduldig auf die Entlassung warteten. Laut Stationsärztin erholte sich Lotte erstaunlich schnell von den Strapazen. Bereits zehn Tage nach der Geburt durften wir mit ihr nach Hause. Lotte hatte sich entschieden. Sie wollte leben. Wir waren optimistisch und unendlich stolz auf unser Kind. Es war Mitte Oktober. Der erste Schnee fiel, und eine Klematis blühte auf unserem Balkon.

3

Einige Tage nach der Geburt kam uns Doktor Möhring zu Hause besuchen. Im Krankenhaus war es zu keinem Austausch mehr gekommen. Er sei sich keiner Schuld und keines Fehlverhaltens bewusst. In lang aneinandergereihten Sätzen folgte seine Rechtfertigungsrede. Nach einer Stunde verabschiedete er sich lächelnd. Wir haben ihn nie wiedergesehen, aber viel an ihn gedacht.

Nichts war mehr normal in unserem Leben. Nichts war so, wie ich es mir im Vorfeld vorgestellt hatte. Das geht allen jungen Eltern so. Ein Kind zu bekommen ist an sich ein einschneidendes Erlebnis. Ein Kind mit Behinderung zu bekommen noch mal mehr.

Immer wieder habe ich versucht, diese verdammte Normalität in unseren Alltag zu zerren. Lottes andauerndes Schreien sei normal, dachte ich anfangs. Sie habe bestimmt Dreimonatskoliken, redete ich mir ein. Ihren viel zu kleinen Kopfumfang führten wir auf eine genetische Disposition zurück. Wir haben auch kleine Köpfe. Dass uns unsere Tochter nicht in die Augen blickte und keine Gegenstände fixierte, war auch irgendwie normal. Zumindest am Anfang. Sie war ja so beschäftigt mit ihren Bauchschmerzen. Ihre Hände waren permanent gefaustet, und sie lag die meiste Zeit überstreckt im Kinderbett. Dafür konnte Lotte lächeln und richtig gut trinken.

Als Lotte drei Monate alt war, gingen wir wegen ihrer Epilepsie zu einem Spezialisten. Der Professor, eine echte Koryphäe auf seinem Gebiet, interessierte sich weniger für Lottes Hirnströme als viel mehr für unseren Wunsch nach

Normalität. Er zeichnete zwei Kurven auf ein Papier, wovon die eine schnell anstieg und die zweite nur sehr langsam an Höhe gewann.

»Eure Tochter wird sich entwickeln.« Er duzte uns von Anfang an. »Nur eben auf ihre Art und Weise.«

Dann zeigte er auf die zweite Kurve.

»Das ist Lottes Entwicklungskurve. Sie wird ihren eigenen Weg gehen. Ihr werdet sie auf diesem Weg begleiten und euch über ganz andere Erfolge freuen als Eltern mit einem gesunden Kind.«

»Euer Kind wird nicht in der Lage sein, mit ihrer Umwelt in Kontakt zu treten«, fuhr der Kinderneurologe fort. Wir würden in getrennten Welten leben. Nur dass Lotte dies – im Gegensatz zu uns Eltern – nicht registrieren würde.

Er teilte uns mit, dass Lotte sowohl körperlich als auch mental eine schwere Behinderung habe. Da waren sie, die ungeliebten Worte. Sie standen mitten im Raum und rührten sich nicht vom Fleck. Eine Träne war nicht zu vermeiden. Weitere folgten.

Das Gespräch mit dem Kinderneurologen hatte mich zum Nachdenken gebracht. Warum war mein Wunsch nach Normalität so groß? Ein Mensch gilt als normal, wenn sein Verhalten und seine Erscheinung dem der Mehrheit entsprechen. Immer mehr Menschen sehnen sich nach Individualität, nach Abgrenzung von der Mehrheit. Ich wollte nie normal sein, sondern eigen, ich selbst eben. In meiner Jugend war ich wild und ungestüm, schrieb in der Schule schlechte Noten und eckte gerne mit anderen Menschen an. Und nun sehnte ich mich nach einem normalen Kind und einem normalen Familienleben. Ich liebte meine Tochter von Anfang an so, wie sie war, und nicht so, wie sie idealerweise sein sollte. Und doch verglich ich mein Leben und mein Kind mit dem Leben und den Kindern meines Umfeldes. Manchmal war ich neidisch, wenn sich andere Mütter über zuckerfreie Kekse und Babyschwimmkurse unterhielten. Ich verbrachte die ersten Monate nicht in Stillcafés oder Krabbelgruppen, sondern hauptsächlich in Krankenhäusern, Arztpraxen und Sozialpädiatrischen Zentren.

Die Diagnose von Lottes Behinderung war ein Faustschlag ins Gesicht. Ich taumelte, ging aber nicht zu Boden. Der ärztliche Befund sagte uns keine eindeutige Zukunft voraus. Frühkindliche Hirnschädigungen können sich in unterschiedlichsten Erscheinungsformen offenbaren. Wie viel Hilfestellung Lotte in ihrem Leben benötigen würde, war zu diesem Zeitpunkt nicht absehbar. Ist nicht alles Ungewisse auch ein Trost?

Ich habe mich nie gefragt, warum gerade ich ein Kind mit Behinderung zur Welt gebracht habe. Aber ich habe mich immer wieder gefragt, warum ich darauf so schlecht vorbereitet gewesen bin. Der Schmerz riss mir ein großes Loch in die Brust. Und das, obwohl ich mich während der Schwangerschaft gegen Vorsorgeuntersuchungen entschieden hatte. Ich wollte weder wissen, ob ich ein Mädchen oder einen Jungen bekommen würde, noch war ich bereit, im Vorfeld über andere Merkmale meines Kindes informiert zu werden. Ich liebte es, vom Leben überrascht zu werden. Doch diese Überraschung kam tatsächlich unerwartet.

Die Reaktionen unseres Umfeldes auf Lottes Diagnose waren vielfältig. Es sprossen abenteuerliche Geburtsgeschichten aus dem Telefonhörer. Manchmal waren es tröstliche Erzählungen, die trotz Dramatik immer ein Happy End gefunden hatten. Ich lauschte. Und hoffte unentwegt. Das Leben mit Lotte brachte es mit sich, dass die Meinungen und guten Ratschläge von außen nur so auf mich einprasselten. Die Optimisten ließen sich von unseren Schwierigkeiten nicht einschüchtern. Manche Verwandten waren sich sicher, dass Lottes Entwicklung lediglich verzögert voranschreiten werde. Sie pflanzten kleine Hoffnungsschimmer in meine Gedankenwelt. Ich heftete jedes aufbauende Wort in mein Blickfeld.

Für die Pessimisten war die Diagnose ein Paukenschlag. Unser Leben entsprach offensichtlich nicht mehr ihrer Idee vom guten Leben. Ein Kind mit Behinderung gehöre in ein Heim. Das sei für alle Beteiligten die beste Lösung. Je früher, desto besser. Ich stampfte mit den Füßen auf und schluchzte lauthals vor Wut.

Ein Freund war sich sicher, dass wir zu den von Gott auserwählten Menschen zählten. Denn nur diejenigen, die stark genug seien, bekämen herausfordernde und besondere Aufgaben geschenkt. Unabhängig von der Frage nach Gott hatte ich weitere. Wann hatte ich versehentlich zu laut *hier* geschrien, als die Lebensaufgaben verteilt wurden? Geschenke sind doch freiwillig. Kann ich Teile zurückgeben? Oder umtauschen? Hatte ich eine Wahl?

Mit diesen Worten kann man jede noch so schwere Situation schönreden. Zu diesem Zeitpunkt war ich dankbar, dass unsere Tochter lebte, aber nicht für das, was wir an Kummer und Sorgen durchmachen mussten. Ich fühlte mich nicht auserwählt, sondern im Stich gelassen. Aber weniger von einem Gott als vielmehr von Ärzten und meinem Mut. Meine Verzweiflung sprengte alle wohldosierten Worthülsen. Ich fühlte mich nicht stark. Sondern haltlos schwebend im All. Kann ich nicht noch mal von vorne beginnen? Vielleicht auf einem anderen Stern? Dann würde ich Doktor Möhring seinen Schlaf lassen und woanders entbinden. Meinem Gefühl vertrauen und mich gegen die Ärzte und Ärztinnen dort durchsetzen. Mein Leben wäre mit anderen Geschichten gefüllt. Natürlich denke ich manchmal darüber nach, wie unser Alltag heute aussehen würde, wenn ein anderer Oberarzt am Tag von Lottes Geburt Dienst gehabt hätte. Wäre unsere Tochter ohne eine

Behinderung auf die Welt gekommen? Die über Stunden fehlenden Kindsbewegungen waren, wie sich später herausgestellt hatte, ein Zeichen für Lottes labilen Zustand. Aufgrund einer defekten Stelle in der Plazenta hatten zwei Drittel des fetalen Blutes in meinen Blutkreislauf gewechselt. Lottes schneller Herzschlag hatte dem Überleben gedient, so konnte das restliche Blut alle lebenswichtigen Organe mit ausreichend Sauerstoff versorgen. Wäre der Kaiserschnitt vor der Plazenta-Ablösung erfolgt, wäre Lotte nur mit einer Anämie auf die Welt gekommen. Mein Leben sähe heute komplett anders aus. Dieses Szenario habe ich mir nie detaillierter ausgemalt. Zum Hadern gab es keine Zeit. Wir wurden ins kalte Wasser geworfen und mussten schwimmen.

»Meine Tochter hat eine Behinderung.« Ich übte diese Worte laut und leise. Ich wollte sie aussprechen können, ohne in Tränen auszubrechen. Zumindest nicht beim Bäcker oder im Blumenladen. Lotte sah anders aus. Ihr Blick, ihre Körperhaltung, es gab genügend Anhaltspunkte für Fragen. Darauf wollte ich vorbereitet sein.

An einem Sonntag, als Lotte ungefähr ein Jahr alt war, gingen wir nachmittags zu dritt ins Museum. Irgendeine Ausstellung interessierte uns. Sebastian hatte mich überzeugt. Er wollte ein Stück Normalität in unser Leben zurückholen. Schon in der Warteschlange vor dem Ticketschalter fing Lotte an zu brüllen. Der ganze Kinderwagen wackelte. Ich starrte stoisch die Blaumeisen neben uns an. Die runtergefallene Stulle zog die Vögel an. Auch im Museum ließ sich Lotte nicht beruhigen. Sie brüllte so lange und so laut, bis der Museumswärter kam.

»Das ist ein Museum. Einige Menschen fühlen sich gestört«, sagte er. »Ich muss Sie bitten, die Ausstellung mit Ihrem Kind zu verlassen.«

Ich setzte mich im Untergeschoss in die Garderobe. Hier störten wir niemanden, am wenigsten die wartenden Mäntel, Jacken und Taschen. Ich saß auf einer Bank und starrte in den tiefen Schlund meiner brüllenden Tochter. Sie hatte weder Hunger noch ließ sie sich mit einem Schnuller beruhigen. Ich schaukelte sie hin und her. Klopfte ihr leicht auf den Rücken. Und sprach beruhigende Worte in ihr Ohr. Ihr ganzer Körper schien im Widerstand zu sein. Wogegen wehrte sie sich?

»Ich kenne das«, sagte eine ältere Dame mit Hut. Plötzlich stand sie neben mir. Sie trug einen grauen Mantel. Und stellte ihre Ledertasche auf den Boden.

»Meine Tochter hat eine Behinderung«, sagte ich und weinte.

»Das sehe ich«, sagte sie. Mit ihren warmen und faltigen Händen streichelte die Dame über meine Wange. Sie setzte sich neben mich und massierte Lottes Füße.

»Ihre Tochter braucht viel Liebe. Geben Sie ihr alles, was Sie zur Verfügung haben.«

Dann stand sie auf und ging.

Beautiful*

Es ist kurz vor Weihnachten. In der Kita haben die Kinder gebacken. Das ganze Gebäude riecht nach Plätzchen. An den Fensterscheiben hängen selbst gebastelte Weihnachtssterne. Welcher wohl Lottes Stern ist?

Die Integrationskita besitzt keinen Fahrstuhl. Lotte wird von den Erzieherinnen täglich nach oben getragen. Ich habe viele Kitas besichtigt. Nur wenige waren bereit, sich auf Lottes Behinderung einzulassen. Diese hier liegt nicht in unserem Kiez. Der Weg dorthin ist weit. Marienkäfer bringen angeblich Glück. Und so ein Tier klebt an der Tür von Lottes Gruppe. Auf den Tischen flackern Teelichter. Sebastian und ich sitzen mit anderen Eltern auf zu kleinen Stühlen. Das ist immer unbequem. Vor allem heute, denn ich erwarte unser zweites Kind.

»Geht es dir gut?«, fragt mich Sebastian, als ich mich stöhnend nach hinten lehne.

»Nur ein paar Tritte in die Leber«, antworte ich und streichle über meinen Bauch.

Ein Glöckchen klingelt, die Tür geht auf, und der Zivi aus Lottes Gruppe kommt als Weihnachtsmann verkleidet in den Raum.

»Ho, ho, ho«, sagt er, fährt sich durch seinen weißen Bart und setzt sich auf einen großen Stuhl mit Armlehnen. Hinter sich zieht er einen schweren Sack her. Die Kinder aus der Marienkäfer-Gruppe setzen sich neben ihn. Alle sind weihnachtlich verkleidet. Auch Lotte. Die zappelt mit kleinen weißen Flügeln am Rücken auf dem Arm ihrer Integrationserzieherin. Seit zwei Jahren ist es deren Aufgabe, sich um Lottes individuelle Förderung zu kümmern.

»Lasst uns froh und munter sein«, singen fast alle Kinder.

Das Tamburin rasselt. Ein Glockenspiel erklingt. Und die Klanghölzer werden geschlagen. In den Gesichtern der Eltern leuchtet Glückseligkeit. Auch ich bin glücklich. Lotte ist drei Jahre alt. Rollend und robbend kann sie sich mittlerweile fortbewegen. Immer häufiger öffnet sie ihre gefausteten Hände und greift nach Gegenständen. Sie steckt sich alles in den Mund, auch Fingerfarben und Modellierton. Seit Kurzem schiebt sie sich aus der Bauchlage in den Zwischenfersensitz.

»Lotte kann sitzen«, ruft Sebastian begeistert in den Telefonhörer. Die ganze Familie freut sich über Lottes Fortschritte, vor allem die Großmütter. Vielleicht ist ihre Entwicklung doch nur verzögert, traue ich mich manchmal im Stillen zu fragen. Vielleicht werden wir eines Tages Lotte von ihren ersten Lebensjahren erzählen. Wir werden ihr über unsere Sorgen und Ängste berichten, die sich bis dahin in Rauch aufgelöst haben.

In der Weihnachtsbäckerei *wird angestimmt. Die Fensterscheiben sind beschlagen. Aus der Heizung bollert mir warme Luft entgegen. Ich kann kaum atmen. Wird Zeit, dass das Baby bald auf die Welt kommt, denke ich. Ich schäle eine Mandarine und stopfe mir mehrere Spalten gleichzeitig in den Mund. Es reicht, wenn die anderen singen. Sogar Sebastian gibt sich Mühe, die richtigen Töne zu treffen.*

»Ganz schön mutig, noch ein Kind zu bekommen«, sagt die Mutter von Tom, die hinter mir sitzt. Für einen Moment fühle ich mich mit ihr verbunden. Wir scheinen beide Weihnachtsfeiern nicht zu mögen.

»Finde ich auch«, sage ich.

»Ist das nicht zu riskant?« Ihre Schwägerin habe zwei behinderte Kinder bekommen. »So will man doch nicht leben«, flüstert sie mir zu.

»Wir versuchen, das Risiko zu minimieren. Geplanter

Kaiserschnitt«, erkläre ich. Und fühle mich tapfer, weil ich mich von ihrer Ehrlichkeit nicht einschüchtern lasse.

»Ich hätte trotzdem Angst«, sagt die Mutter. »Eine Operation ist auch nicht ohne.«

»Ja, ja«, sage ich. Natürlich habe ich Bedenken. Aber vor anderen Dingen. Vor zwei brüllenden Kindern, zum Beispiel. Vor zweimal vollen Windeln, zwei Kinderwagen, weiteren Arztterminen. Und der gerechten Aufteilung meiner Liebe. Ist mein Herz groß genug?

»Wie süß«, sagt Toms Mutter, als ihr Sohn Advent, Advent, ein Lichtlein brennt, *aufsagt.*

Wie süß, denke ich, als Lotte kurz ihren Kopf hebt.

Niemand ist gefeit vor sentimentalen Gefühlen, wenn die eigenen Kinder an Aufführungen teilnehmen. Deswegen mag ich diese emotionalen weihnachtlichen Veranstaltungen auch nicht.

»Wird es ein Mädchen oder ein Junge?«, fragt mich der große schlanke Vater neben mir, dessen Namen ich nicht kenne. Seine Tochter Maya spielt manchmal mit Lotte in der Kita.

»Lotte ist niedlich«, sagt das blond gelockte Mädchen, wenn es mich sieht.

Dann rennt es kichernd zu seinen Freundinnen. Lotte wird viel gestreichelt. Und frisiert. Ständig hat sie neue Klammern und bunte Gummis in ihren Haaren.

»Wir lassen uns überraschen«, antworte ich dem Vater.

Auch diese Überraschung sollte glücken. Denn mit einem Sohn hatten weder Sebastian noch ich gerechnet. Wir waren uns sicher, ein zweites Mädchen zu bekommen.

»Hauptsache, gesund«, sagt der Vater lächelnd.

Standardantwort, denke ich. Wer ist schon gesund, würde ich gerne zurückfragen. Und: Ist eine Behinderung überhaupt eine Krankheit? Stattdessen schiebe ich mir einen Lebkuchen in den Mund und lächle. Schließlich ist bald Weihnachten. Und Sebastian behauptet, es läge auch an mir, dass wir wenig Kontakt mit den anderen Eltern haben. Ein bisschen hat er recht.

Fast alle Jungen und Mädchen haben etwas vorgetragen. Nur Lotte nicht. Die hat gelacht und vor Freude die Fäuste gegeneinandergeschlagen. Nach der Aufführung bekommt jedes Kind ein Geschenk vom Weihnachtsmann gereicht. Auch Lotte. Ihre Erzieherin packt es aus. Eine kleine Flöte aus Plastik. Nicht schlecht, denke ich. Damit kann Lotte jedenfalls etwas anfangen. Das Pusten hat sie bei der Logopädin gelernt.

»Wann ist es denn so weit?«, fragt mich die Integrationserzieherin und zeigt auf meinen großen Bauch.

»Bald«, antworte ich.

Das genaue Geburtsdatum möchte ich nicht preisgeben. Damit will ich die anderen überraschen. Und mich vor drückenden Daumen schützen. Meine Beklemmung reicht mir völlig.

»Über das Geschwisterchen wird sich Lotte bestimmt freuen.«

»Und wir uns erst«, sagt Sebastian.

Lotte streckt die Arme aus und wechselt auf seinen Arm. Wir reden mit der Erzieherin, hören gerne und immer wieder, wie wichtig Lotte in der Kita ist. Die anderen Kinder toben durch den Raum und leeren das Kuchenbuffet. Sie rufen »Kacke« und »Scheiße«. Klowörter scheinen gerade in zu sein.

»Ihr habt es gut. Lotte sitzt so friedlich auf eurem Arm«, sagt eine schwitzende Mutter.

Ich lächle. Und schiebe mir noch einen Lebkuchen in den Mund. Der Zivi erscheint in einem Jogginganzug. Reste des Bartes kleben über seiner Oberlippe.

»Na, was wünscht ihr euch zu Weihnachten?«, fragt er witzelnd.

»Ein gesundes Kind wahrscheinlich«, antwortet die Erzieherin.

Wir lächeln beide. Sebastian und ich.

»Mama«, sagt Lotte und streckt mir ihre Arme entgegen.

Und jetzt ist er da, der Engelsgesang. Der heilige Schauer, der sich über mir ergießt. Es gibt viele gute Tage. Dieses ist einer meiner besten. Ich kann das Gefühl nur schwer beschreiben. Zwei Silben, die eine unendlich lange Reaktion an Gefühlen hervorrufen. Pure Freude. Geballtes Glück. Und eine Unmenge an Dankbarkeit.

»Ist das nicht das schönste Weihnachtsgeschenk?«, fragt der Zivi.

Die anderen Eltern nicken zustimmend. Sie scheinen auch bewegt zu sein. Aber nicht unbedingt von den vier Buchstaben. Sondern den Tränen der Freude und dem Freudentanz.

»Lotte kann sprechen«, rufe ich zu Hause in den Telefonhörer.

* Musik ist Lottes Lebenselixier. Die Kapitelüberschriften in diesem Buch wurden in Anlehnung an ihre Lieblingslieder gewählt. Eine Auflistung der Songs findet sich am Ende des Buches.

4

Um Lotte zufrieden zu stimmen, musste ich entweder die Welt oder Lotte selbst in Bewegung bringen. Täglich rannte ich ohne Ziel durch die Straßen. Vor mir rumpelte der Kinderwagen. Ich durfte nicht stehen bleiben. Ein Gespräch mit Bekannten musste ich verschieben oder schnellen Schrittes führen. Lottes Schlaf war leicht und endete genau in dem Moment, in dem das Schaukeln aufhörte.

Sie gab nur Ruhe, wenn wir ihr mit starken Impulsen begegneten. Stundenlanges treppauf und treppab Gehen beruhigte sie und stählte unsere Körper. Ihren Mittagsschlaf verbrachte sie in einer Tragetasche beim Schleudergang auf der Waschmaschine. Wir schafften uns kleine Inseln der Ruhe im tosenden Meer.

Lottes exzessives Brüllen wurde von Fachseite *cerebrales Schreien* genannt. Die Ursache ihrer Unruhe war auf die Hirnschädigung zurückzuführen. Regelmäßig biss ich in mein Kopfkissen oder schrie lauthals hinein. Ich konnte mich mit fast allem arrangieren. Das permanente Brüllen riss extrem an meinen Nerven.

Und dann kam mir Doktor Möhring in den Sinn. Ob er manchmal an uns dachte? Wahrscheinlich war er zu beschäftigt mit seiner Arbeit und Familie. Nach seinem letzten Besuch hatten wir angefangen, uns mit der Schuldfrage zu beschäftigen. Sebastian ließ sich vom Krankenhaus alle Unterlagen und Dokumente kopieren. Er war angehender Jurist in den letzten Zügen seines Studiums und wusste, dass wir handeln mussten. Nach ausführlichen medizinrechtlichen Beratungsgesprächen entschieden wir uns für einen außergerichtlichen Weg. Wir wollten nicht jahrelang streiten, sondern eine schnellere Einigung herbeiführen. Für solche Fälle ist die Schlichtungsstelle der Ärztekammer eine Anlaufstelle. Ein unabhängiger Gutachter besuchte uns. Er studierte die Krankenhausakten, ärztliche Befunde und unser Leben mit Lotte. Das Ergebnis war eindeutig: Lottes Behinderung war das Resultat eines ärztlichen Fehlers unter der Geburt. Dank einer fachlich und menschlich kompetenten Rechtsanwältin kam es relativ zügig zu einer Einigung mit der Haftpflichtversicherung des Krankenhauses. Lotte wurde ein Schmerzensgeld und uns jährliche Schadensersatzzahlungen zugesprochen. Das entschädigt einiges und vieles auch nicht. Seitdem müssen wir unser tägliches Leben rechtfertigen, beweisen, erkämpfen, behaupten und viel Zeit in eine aufwendige Dokumentation investieren. Anerkennung gibt es keine. Kritik und Ablehnung umso mehr. Es wäre durchaus fair gewesen, wenn zusätzlich zu der finanziellen Entschädigung Doktor Möhring oder jemand aus dem Krankenhaus wenigstens Lottes Gebrüll mit nach Hause genommen hätte.

Zu Hause hielt ich es nur schwer alleine mit Lotte aus. Das Schreien machte mich mürbe, müde und melancholisch. Sebastian verbrachte viel Zeit in der Bibliothek zur Vorbereitung seines Examens, während ich mein Philosophiestudium ruhen ließ. Mit den großen Lebensthemen sollte ich mich zu Hause und nicht in der Uni auseinandersetzen. Versehentlich wühlte ich dort nach Antworten und fand immer neue Fragen: nach dem guten Leben, nach dem wahren Leben und nach unserem Familienleben. Die Großfamilie bekam eine neue Wichtigkeit. Beide Großmütter reisten im Wechsel an. Die Großväter leben nicht mehr. Ich weiß, dass es meinem Vater schwergefallen wäre, Lottes Behinderung zu akzeptieren. Ich bin mir aber sicher, dass seine Enkeltochter sein Leben bereichert hätte.

Die Sorge um Lotte veränderte das Verhältnis von mir zu meiner Mutter. Ich sah sie aus einer neuen Perspektive. Und verstand ihren Schmerz. Das Leid des eigenen Kindes ist schwer zu ertragen.

»Ich schaffe das. Guck auf meine Stärke, und sieh nicht nur meine schwachen Momente«, warf ich ihr vor.

»Gib mir Mut und Halt«, forderte ich.

»Sag mir, dass das Leben als Mutter auch leicht und unbekümmert sein kann«, bettelte ich.

Wenn Lotte weinte, weinte auch ich. Wenn sie lachte, war ich froh. Feine Fäden verbanden mich mit den Gefühlsregungen meiner Tochter. Wie eine Marionette zappelte ich hilflos am Ende der Schnüre. Meine Mutter hielt mich, und ich hielt Lotte. Sie brachte Ruhe ins Chaos, Ordnung in unseren Alltag und frische Tomaten und Zucchini ins Gemüsefach. Auch meine Schwestern entpuppten sich, damals noch kinderlos, als widerstandsfähige und liebevolle Tanten. Lotte war als erstes Enkelkind das

Prachtstück und gleichzeitig der wunde Punkt unserer Familie. Kaum ein anderes Thema fand bei unseren Begegnungen Resonanz. Unsere Treffen wurden bestimmt von Lottes Verhalten, meinen Reaktionen darauf und den Reaktionen der anderen auf mich. Die Zeit und die Geburt weiterer Enkelkinder veränderten den Gesprächsstoff. Aber bis heute reden wir viel über das Leben mit Lotte.

Für jeden noch so kleinen Entwicklungsschritt brauchte Lotte wochen- oder monatelanges Therapieren und Üben. Mehrmals täglich turnten wir mit ihr nach Bobath und Vojta. Im Alltag und in den Ferien. Auf Tischtennisplatten, Fußböden und Hoteltischen. Nichts ließen wir unversucht. Wir schusterten für Lotte ein Leben zusammen, in dem sie bestmöglich gefördert wurde. In den Wartezimmern von Logopädie, Ergo- und Physiotherapie herrschte eine Art von Solidaritätsgemeinschaft. Wir Mütter guckten uns an und tauschten uns aus. Manchmal auch mit Vätern. Jede Frage war willkommen. Hier fühlte ich mich wohl. Immer wieder kam mir Lottes Lebenskurve in den Sinn. Wie viel Förderung brauchte Lotte tatsächlich, und wie viel von dieser Förderung brauchten wir?

Kasimir kam drei Jahre nach Lotte ohne größere Probleme auf die Welt. Seine Geburt änderte unser Leben zum zweiten Mal grundlegend. Wir waren in die neue Wohnung mit Fahrstuhl und neuen Nachbarn gezogen. Lotte bekam ihren ersten Reha-Buggy und einen Behindertenausweis. Wir erhielten einen Behindertenparkplatz vor der Haustür. Das erleichterte vieles.

Kasimir lernte seine Schwester kennen, ohne über eine Differenzierung zwischen *normal* und *anders* zu verfügen. Wenn Lotte ihn ärgerte, wehrte er sich. Er brüllte, kniff zurück oder nahm sie in den Arm.

Jeder neue Entwicklungsschritt von Kasimir kam uns

wie ein Weltwunder vor. Mit sechs Monaten konnte er sich drehen, mit neun Monaten sitzen und mit zehn Monaten krabbeln. Innerhalb kürzester Zeit hatte Kasimir seine Schwester motorisch überholt. Mit einem Jahr sagte er *Mama* und *Papa*. Mit drei Jahren sprach er ganze Sätze.

Vulkanartige Wutausbrüche ergossen sich über unser Familienleben. Lottes Säuglingsgebrüll war zu einem stattlichen Mädchengebrüll angeschwollen. Aus dem cerebralen Schreien war eine autoaggressive Störung geworden. Lotte zerriss sich vor Wut beinahe selbst in der Luft. Wenn sie sich nicht in ihre Hände und Arme biss, zerrten die Finger an ihren Haaren, oder sie schlug so lange ihr Gesicht auf den Fußboden, bis die Zähne wackelten und ihre Lippen bluteten.

So gut es ging, teilten Sebastian und ich uns die Kinder auf und unsere Tage ein. Abwechseln funktionierte fast immer. Gemeinsamkeit so gut wie nie. Für viele waren wir eine Zumutung. Einige hielten uns für Helden.

»Ihr macht das so toll. Ich könnte das nie.«

Die betroffenen und bewundernden Blicke schlichen auf Samtpfoten hinter uns her oder rannten uns auf Stöckelschuhen entgegen. Wir machten gar nichts toll. Wir machten alles, so gut wir konnten.

Kasimirs Geburt brachte uns ein Stück Normalität zurück. Mit einem Jahr besuchte er dieselbe Kita wie Lotte. Ich verabredete mich mit anderen Eltern und Familien. Kinder kamen zum Spielen zu uns nach Hause. Und auf einmal besuchte ich sogar Kinderspielplätze. Eimer, Förmchen und sonstiges Sandspielzeug gehörten jetzt zu meiner nachmittäglichen Ausrüstung. Kasimir machte sich auf den Weg und erkundete mit seinen großen dunklen Augen das neue Terrain, während ich neben Lotte sitzen blieb. Lotte saß auf einer Decke neben der Sandkiste. Ihre Arme ruderten haltlos durch die Luft. Ihr Blick war in den Himmel gerichtet. Die Mauersegler riefen ihr schrilles *srieh srieh* über unseren Köpfen. Wie Lotte wohl die Welt sah?

Nach der Geburt war eine cerebrale Blindheit diagnostiziert worden. Es hieß, ihre Augen seien intakt, aber das Gehirn könne die Informationen nicht verarbeiten. Seitdem Lotte gezielt nach ihrem Schnuller griff, wussten wir, dass sie Gegenstände erkennen konnte. Zumindest Umrisse oder Formen. Vielleicht auch Farben. Auf Dinge in der Ferne reagiert sie bis heute nicht, aber auf alles, was sich in einem Dunstkreis von fünf Metern um sie herum bewegt. Lotte lächelt oder errötet, wenn sich ihr Menschen nähern, die ihr wichtig sind. Sie schreit vor Freude, sobald Würstchen oder andere Fleischgerichte auf dem Essenstisch landen. Große Gestalten und lautlos herannahende Gegenstände machen ihr Angst. Unbewegtes, was nicht essbar ist oder Musik abspielen kann, weckt selten ihr Interesse. Und wenn ich sie abends zu ihrem Bett bringe, ohne dass sie müde ist, bewegt sich ihr Körper augenblicklich in die entgegengesetzte Richtung.

Lotte lag die ersten zwei Jahre die meiste Zeit auf dem Rücken. Zumindest dann, wenn sie ihren Buggy verließ. Sie konnte sich drehen, aber in Bauchlage fiel es ihr schwer, den Kopf länger zu heben. Also lag sie auf dem Rücken und guckte nach oben. Manchmal auch zur Seite. Lotte war darauf angewiesen, dass interessante Gegenstände in ihr Blickfeld rückten oder unterhaltsame Geräusche an ihr Ohr drangen. Kaum hielt ich oder die Welt inne, brüllte sie. Vor allem dann, wenn ich mich wegbewegte. Auch mit vier Jahren noch schien sie mein kurzes Weggehen für einen endlos langen Abschied zu halten. Sie hockte auf der Decke und brüllte, wenn ich Kasimir beim Rutschen, Klettern oder anderen Aktivitäten half. Sie brüllte auf Zugfahrten, in Cafés und im Auto. Immer dann, wenn ich Bedürfnisse hatte oder Kasimir meine Hilfe brauchte.

»Was hat sie denn?«, fragte ein Mädchen im rosafarbenen Tüllkleid.

»Wahrscheinlich ärgert sie sich, weil sie nicht weiß, wie sie sich beschäftigen soll.«

»Die sieht aber komisch aus.« Ein Junge mit leuchtend roten Turnschuhen stand neben mir und zeigte auf meine Tochter. »Kann die gar nicht laufen?«

»Nein«, antwortete ich. »Lotte hat eine Behinderung«, schob ich hinterher und weinte nicht.

»Was ist eine Behinderung?«, fragte der Junge.

Ich erklärte, was passiert war, was Lotte konnte und was sie noch nicht gelernt hatte. Oder vielleicht auch nicht lernen würde.

»Das ist doch nicht schlimm. Dann sitzt sie halt rum«, sagte das Mädchen. »Soll ich bei ihr bleiben?«, fragte sie. »Dann kann sie mir beim Spielen zusehen.« Das Mädchen im Tüllkleid holte Eimer, Förmchen und eine Puppe. Neben Lotte wurde gemanscht und gepanscht. Lottes Kopf drehte sich interessiert zur Seite.

Der Junge mit den roten Schuhen eilte zurück zu seinem Vater. Beim Rennen brüllte er: »Da ist ein Kind mit Behinderung.«

»Pst«, antwortete der Vater und legte die Zeitung zur Seite. »Das sagt man nicht.«

Plötzlich blickte mich eine Vielzahl von Augenpaaren an. Mit einem Mal saß ich mit meinem Kind auf dem Spielplatz und fühlte mich wie im Zoo. Nur hinter den Gitterstäben. Und nicht wie gewohnt davor. Kaum hatte jemand das Wort *Behinderung* ausgesprochen, waren alle Beteiligten verunsichert. Im Grunde genommen wollten alle wissen, was an Lotte anders war. Und im Grunde genommen wollte ich auch darüber reden, aber ich wusste nicht, wie. Weder ich noch meine Umwelt hatten den Mut, offensiv mit dieser Situation umzugehen.

Der Wind jagte den Müll durch den Sand. Ein weißes Taschentuch landete neben mir auf der Bank.

»Guck nicht so«, fauchte ich das Taschentuch an. »Es reicht schon, dass die anderen so glotzen. Ich hasse Spielplätze.«

Das Taschentuch flatterte auf und nieder.

»Bah«, rief Kasimir. Er nahm das Taschentuch und stopfte es zurück in den Mülleimer. Dahin, wo es hingehörte.

»Und was ist euer Lottogewinn?« Eine junge Frau mit winzigen Sommersprossen verteilt übers ganze Gesicht stand neben mir und grinste. An ihrer Hand zappelte ein blonder Junge mit hellen blauen Augen. Der Junge löste sich, ging ein paar Schritte, taumelte und fiel auf den Boden. Bäuchlings stopfte er sich mit beiden Händen den Mund voller Sand.

»Wir haben einen genetischen Defekt gewonnen«, sagte die neue Bekannte und spülte den Mund des Jungen aus.

»Cerebralparese«, antwortete ich und wischte das Gesicht meiner brüllenden Tochter mit Feuchttüchern sauber. »Hirnschädigung wegen Sauerstoffmangel unter der Geburt«, erläuterte ich.

»Klingt nach Hauptgewinn.«

Wir lachten beide.

Eine Windböe fuhr in den Abfalleimer und hob das Taschentuch lautlos in den Himmel.

Ich flieg vor und du ein Stück dahinter

Wir spazieren die Straße hinunter, umgeben von tänzelnden, lautlosen Schneeflocken. Ich versuche, das Telefonat zu vergessen. Der schroffe Ton hat vielleicht nichts zu bedeuten. Ich zögere. Ist drei viertel fünf auch wirklich Viertel vor fünf? Lotte sitzt wippend in ihrem Wagen und beobachtet andere vorbeigehende Fußgänger. Kaum nähert sich ihr jemand mit lauten Schritten, wirbeln ihre Arme durch die Luft, und sie formt ihren Mund zu einem Schnabel. Ihren Kopf wirft sie zurück und gluckst vor Freude. Kasimir springt vor uns her. Das Gebäude sieht freundlich aus. Alte Fassaden mit hohen Fenstern und einem roten Banner, der mir bestätigt, dass wir im Gemeindehaus angekommen sind. Hier findet der Tanzkurs für Kinder mit Behinderung statt.

Ich lasse Lottes Rehabuggy im Hinterhof stehen, klingele und trage Lotte in die erste Etage. Uns empfangen zwei kleine Mädchen im rosafarbenen Tutu. Kichernd verschwinden sie durch eine Tür. Aus dem hinteren Raum erklingt Klaviermusik. Lotte wird unruhig und zappelig. Ich setze sie im Umkleideraum auf den Boden und drücke sie mit meinem Fuß leicht gegen die Wand. Im Gegensatz zu seiner Schwester kann Kasimir alleine auf der Bank sitzen. Die Tür geht auf, und die Tanzlehrerin starrt mich an.

»Haben Sie eine Frage?«, raunzt sie mir entgegen.

»Wir haben telefoniert«, antworte ich eingeschüchtert. »Das ist meine Tochter Lotte, und Kasimir ist ihr Bruder.« Ich zeige auf meine Kinder.

Ein Zischen dringt an mein Ohr: »Der Unterricht be-

ginnt um viertel sechs, habe jetzt noch zu tun. Warten Sie hier.« Dann verschwindet sie wieder.

Ich bin sprachlos. Wir schauen der Tanzlehrerin hinterher. Es ist kalt im Gemeindehaus.

Ich vergrabe mich tiefer in meinen Mantel. Nachdem wir mehr als dreißig Kinderlieder gesungen haben, erscheint eine weitere Mutter mit ihrer Tochter. Svenja stellt sich selbst vor. Sie ist viel älter als Lotte und schaut uns verdutzt an.

»Na, wer seid ihr denn?«, fragt sie laut.

Ich nenne nacheinander unsere Namen, und Svenja schüttelt sich dabei vor Freude.

»Wer seid ihr denn?«, fragt sie erneut, aber meine Antwort bleibt in der Luft stehen. Svenja dreht uns abrupt ihren runden Hintern zu und beginnt, sich schnaufend auszuziehen. Aus ihrem Rucksack kramt sie eine schwarze Jogginghose und ein zerknittertes Hemd hervor. Der Raum füllt sich erst leicht, dann zunehmend stärker mit Schweißgeruch.

Plötzlich dreht sich Svenja wieder um und fragt:

»Na, wer seid ihr denn? Ist das Lotte?«

Ich erkläre ihr, dass wir beim Tanzunterricht zuschauen würden. Neugierig erkundige ich mich bei Svenjas Mutter, wie viele Kinder an der Tanzstunde teilnehmen würden.

»Normalerweise fünf«, antwortet sie, »aber heute bei dem Schnee kommen sicher nicht alle.« Und von Kindern könne nicht mehr die Rede sein. Die seien alle schon fast erwachsen.

»Zu welcher Art von Musik tanzen die Jugendlichen?«, korrigiere ich mich.

Die Antwort der Mutter lässt mich verstummen: »Svenja kommt seit zehn Jahren jede Woche hierher. Ich durfte aber noch nie mit hinein«, erzählt sie. Seit zehn Jahren sitze sie hier im Umkleideraum und warte.

Dann kommt Brigitte. Brigitte ist älter als Svenja, groß und kräftig gebaut. Lange dunkle Haare fallen ihr über die Schulter. Ihr Gesicht ist mit Pickeln übersät. Sie wird von ihren Eltern in die Umkleide hineingeschoben. Lächelnd stellt sie sich vor. Sie teilt uns mit, dass sie sich heute schick gemacht habe. Brigitte zeigt auf ihren dunkelbraunen Pullover und streicht über den knielangen roten Rock. Ihr Vater erklärt, dass sie durch all die auf den Pullover in Gold gestickten Orte gereist wären.

Ich lese: Parma, Modena, Bologna, Lucca, Florenz, Siena und werde dann von den Flecken abgelenkt. Zwischen Florenz und Siena klebt rote Soße. Offenbar mag Brigitte auch italienische Gerichte, und heute gab es entweder Spaghetti mit Bolognese- oder mit Tomatensoße. Brigitte wechselt ihre Schuhe. Sie zieht sich schwarze Gymnastikschläppchen über ihre Füße.

Gemeinsam warten wir auf die Lehrerin. Sie erscheint pünktlich um Viertel nach fünf. Mit einem schmalen Lächeln werden die beiden erwachsenen Mädchen begrüßt.

»Ich werde heute gemeinsam mit Lotte und Kasimir zuschauen«, stelle ich klar, bevor mich ein ausschließendes Wort erreichen kann. Während die anderen Eltern draußen bleiben, dürfen wir es uns zu dritt in einer Ecke bequem machen. Die Ballettstangen und großen Spiegel an den Wänden geben dem Raum Tanzatmosphäre. Lotte und Kasimir sitzen beide auf meinem Schoß. Sie machen große Augen.

»Kann Ihre Tochter laufen?«

Drei Augenpaare starren mich an.

»Nein, Lotte kann nicht laufen«, sage ich. Sonst würde ich sie auch nicht tragen, denke ich.

»Wird sie es lernen?«

Darüber könne ich zum jetzigen Zeitpunkt nichts sagen, lautet meine Standardantwort.

Svenja und Brigitte schütteln sich vor Freude. Die Tanzlehrerin dreht sich desinteressiert um und drückt die Play-Taste des Kassettenrekorders. Hier kommt die Klaviermusik her. Die schlanken Beine der Lehrerin beginnen zu wippen. Sie trägt schwarze Leggings, einen lilafarbenen Gymnastikanzug und schwenkt ihren Po hin und her. Der ganze Körper zittert auf skurrile Art und Weise. Dann schenkt sie uns ein wieherndes Lachen und klatscht in die Hände. Lotte und Kasimir zucken zusammen. Svenja schaukelt von einem Bein aufs andere und dreht ruckartig den Kopf von links nach rechts. Brigittes Hände und Füße zappeln im Wechsel durch die Luft. Ihr Rock flattert unrhythmisch mit.

»Strecken und ausschütteln, strecken und ausschütteln«, ist die Ansage, »und dabei laut schnaufen.«

Ich bin fasziniert von den vielen gegensätzlichen Bewegungen. Runde und weiche wechseln sich mit kurzen, harten und eckigen Abläufen ab. Ich erblicke Gesichtsausdrücke voller Konzentration und Anstrengung. Verzerrte Gesichter umrahmt von verschwitzten Haaren bewegen sich vor dem Spiegel hin und her. Lotte sitzt still auf meinem Schoß. Auch Kasimir starrt unbewegt auf die kleine Tanzgruppe. Ein Hüpfen und Ruckeln, Innehalten und dann Dehnung der Muskeln. Vornübergebeugt sollen die Hände den Boden streicheln und in der Luft weit über dem Kopf Kirschen pflücken. Die jungen Frauen werden getriezt. Wer eine Pause macht, bekommt Tritte in den Po. Vor sich hin träumen ist verboten. Das scheint weder Brigitte noch Svenja zu stören. Nur mich. Mein Kopf dreht sich, und ein immenser Kloß macht sich in meiner Kehle breit. Ich massiere mir den Hals, muss aber feststellen, dass er immer enger wird. Geräuschvoll versuche ich, die Spucke, die sich in meinem Mund sammelt, runterzuschlucken. Ich schließe die Augen und gestatte mir, vor mich hin zu träumen. Ich sehe Lotte auf meinem Schoß sitzen. Sie blickt mich fragend an. Dann steht sie auf. Ihr Körper bewegt sich mühelos. Ihre Armbewegungen gleichen Flügelschlägen. Sie fliegt wie ein eleganter Schwan über das Parkett. Die anderen halten schnaufend inne. Ohs und Ahs entschweben ihren Mündern. Sanft wippen ihre runden Hüften zu Lottes geschmeidigen Bewegungen.

Als die Musik verstummt, verbeugt sich meine Tochter und setzt sich unter wildem Applaus wieder auf meinen Schoß.

Als ich die Augen öffne, sitzt Lotte in gebeugter Haltung vor mir. Und Svenja starrt uns schwitzend an.

»Na, wer seid ihr denn?«, fragt sie.

Auf dem Nachhauseweg beobachte ich, wie die Schneeflocken auf Kasimirs Zunge schmelzen. Ich beschließe, Lotte nicht bei diesem Tanzkurs anzumelden.

5

Unser Alltag hatte sich zu einem undurchdringlichen Urwald aus Bedürfnissen entwickelt. Lotte brauchte unentwegte Pflege und Assistenz, Kasimir Aufmerksamkeit und Hobbys, Sebastian Urlaub und ich Schlaf. Wie hungrige Vogelküken saßen wir mit aufgerissenen Schnäbeln im Nest und schrien nach Sättigung. Am meisten Lärm aber machte Lotte. Ihre Bedürftigkeit war offensichtlich zu erkennen. Deswegen wurden ihr die dicksten Würmer in den offenen Schlund gestopft. Ihr Hunger war groß. Sie schrie, ich spurte. Der Balanceakt, beiden Kindern gleichermaßen gerecht zu werden, gelang mir nicht. Hatte ich Lotte versorgt und zufrieden gestimmt, blieb nur noch ein Quäntchen Geduld und Zeit für Kasimir übrig. Wir hatten zu wenige Arme, zu langsame Beine und einen zu kurzen Atem, um dem Alltagswahnsinn mehr Gleichgewicht einzuhauchen. Krankhaft klammerte ich mich an das Trugbild, nur dann eine gute Mutter zu sein, wenn ich mit alleiniger Kraft die Bedürfnisse meiner Kinder stillen würde. Die Angst vor der Kapitulation trieb mich an. Ich trat lange auf derselben Stelle.

Erst als Kasimir zu stottern begann, begriff ich: Kasimir brauchte ein Leben jenseits von Lottes Terminen.

»Lottes Bedarf ist nicht zu übersehen«, sagte Frau Hendriks während ihres ersten Besuches bei uns zu Hause.

»Lotte hat einen starken Willen«, erläuterte ich. »Und wenig Möglichkeiten, sich zu äußern. Darüber ist sie wütend. Ich verstehe häufig nicht, was sie will.«

Während des Gesprächs mit der Fallmanagerin vom Jugendamt war Lotte mit bei uns am Tisch und schwieg. Obwohl sie bereits viereinhalb Jahre alt war, konnte sie zwar auf dem Boden, nicht aber auf normalen Stühlen sitzen. Ihr Oberkörper kippte dann zur Seite weg. Deswegen hatten wir einen speziellen Hochstuhl mit Klettbändern anfertigen lassen. Lottes Gesicht war Richtung Tischplatte gerichtet. Ihre Iris in den Augenwinkeln fixiert. Sie schaute Frau Hendriks an, ohne dass diese sich beobachtet fühlte. Lottes Blick ist eigen. Es hat lange gedauert, bis ich begriff, dass Lotte hinguckte, wenn sie scheinbar wegschaute. So geht es den meisten, die Lotte kennen.

Lotte saß aufmerksam neben uns. Kein Meckern und kein Maulen. Das Gespräch schien sie zu interessieren. Ich hatte das Gefühl, jedes von mir gesprochene Wort wirbelte durch Lottes Gehörgänge und landete zügig an der richtigen Stelle in ihrem Gehirn. Jahrelang hatte ich kein Blatt vor den Mund genommen. Jetzt blätterte ich nervös in Lottes Befunden. Was durfte ich über sie erzählen, was sollte ich lieber in ihrer Anwesenheit aussparen?

Frau Hendriks hatte keine Ahnung.

»Ihre Tochter ist schwerstbehindert«, sagte sie.

»Mehrfach behindert«, verbesserte ich.

»Mehrfach schwerstbehindert«, korrigierte sie mich.

Ich ließ ihre Formulierung stehen. Was auch immer dieser Superlativ bedeuten sollte, Frau Hendriks war die Zuspitzung wichtig. Ihre Nase vibrierte. Dann schnäuzte sie sich.

»Gegen irgendetwas bin ich allergisch«, sagte sie. Die Spitze ihrer Nase färbte sich rot. Sie musste mehrfach hintereinander niesen.

Lotte reichte ihr das Lätzchen, das über der Stuhllehne hing. Frau Hendriks ignorierte die Geste.

»Nicht jedes behinderte Kind wird so liebevoll betreut«,

erklärte sie. »Da hat Ihre Tochter wirklich Glück. Aber denken Sie auch an Ihren Sohn. Und an Ihren Partner. Ein behindertes Kind ist eine Belastung für die Beziehung.«

Zum Störfaktor reduziert zu werden gefiel Lotte nicht. Sie haute auf die Tischplatte. Und kniff Frau Hendriks in den Arm.

»Verzeihung«, sagte ich zur Frau vom Jugendamt. »Lotte ärgert sich.«

»Das hat sie bestimmt nicht so gemeint, oder?« Frau Hendriks streichelte über Lottes Kopf.

Wer hier was nicht so meinte, war tatsächlich die Frage.

Jetzt war Lottes Frust nicht mehr zu bremsen. Ich löste die Begurtung und setzte sie auf den Boden. Sie schlug ihr Gesicht gegen die Dielen. Bis es blutete. Ich versuchte, Lotte zu halten.

Frau Hendriks sah ein mehrfach schwerstbehindertes Mädchen, eine überforderte Mutter, einen arbeitsbedingt abwesenden Vater und Kasimir, der die ganze Zeit schweigend auf meinem Schoß saß. Anstatt zu gehen, setzte sie das Gespräch fort.

»Wahrscheinlich ist Ihre Tochter später nicht werkstatttauglich. Das sollten wir im Blick behalten. Aber darüber spreche ich mit Ihnen ein anderes Mal«, sagte sie und lächelte. »Die Geburt hätte auch anders verlaufen können. Tut mir echt leid, was der Arzt da verbockt hat.« Dann endlich fiel die Haustür ins Schloss.

Lotte biss mich in den Arm. Sie versuchte, sich die Haare vom Kopf zu reißen. Kasimir kniete sich neben uns.

»Meine Ötte«, sagte er zärtlich.

Das Jugendamt bewilligte die Einzelfallhilfe. Und ich fragte mich, warum ich nicht schon eher auf diese Idee gekommen war. Ein Labsal. Ein Quantensprung an Lebensqualität. Eine andere Welt. Keine noch so konsequente

Therapie hatte Lottes innere Unruhe kanalisieren können. Meine Ansprüche hatte ich bereits heruntergeschraubt. Nicht mehr Lottes körperliche Optimierung stand auf meiner To-do-Liste, sondern das Gelingen eines ganz normalen Tages.

Als Dana, die erste Einzelfallhelferin, unsere Wohnung betrat, verwandelte sich das laute Gebrüll in ein leises Schnurren.

»Das klingt ja wie in einem Affenhaus bei dir«, hatte meine Schwester noch beim letzten Telefonat gesagt.

Jetzt konnte ich in Ruhe telefonieren, während Lotte mit der Einzelfallhelferin den Nachmittag verbrachte. Dana hatte Zeit. Das, was mir immer fehlte. Und Geduld. Das, was ich mir schon immer wünschte. Stundenlang trainierten die beiden im Treppenhaus. So lange, bis Lotte sich selbstständig auf allen vieren die Stufen hochziehen konnte. Lotte half mit beim Tischdecken. In einer Kiste auf ihrem Schoß befand sich das Besteck. Stolz legte sie Messer und Gabel neben die Teller. Wenn Dana bei uns war, begleitete ich Kasimir zum Kinderturnen. Er stolperte über Matten, aber nicht mehr über Wörter. Ich unterhielt mich mit anderen Müttern und Vätern. Wir sprachen über unsere normal entwickelten Kinder. Auf dem Rückweg blieben Kasimir und ich an Baustellen stehen. Oder wir beobachteten die Rotkehlchen im Park gleich nebenan.

Die Förderung, die Lotte im Alltag brauchte, war kein Bereich, der sich irgendwo schnell dazwischenschieben ließ. Es war kontinuierliche, harte Arbeit. Verbunden mit einer Menge Frust. Auf beiden Seiten. Wir Eltern allein konnten das nicht leisten. Dana konnte es. Denn diese Arbeit war nicht ihr Leben, sondern nur ein Teil davon. Und das spürte Lotte.

Beinahe wären wir eine entspannte Familie geworden, dem Jugendamt und dem Glücksgriff mit unserer ersten Einzelfallhelferin sei Dank. Hätten da nicht immer wieder die Wochenenden und die Ferien dazwischengefunkt. In diesen Zeiten entgleiste uns die Stimmung weiterhin.

Sobald Lotte einen Kinderrollstuhl hatte, reisten wir nicht mehr im sympathisch lauten Kinderabteil der Deutschen Bahn. Im ICE befindet sich der Rollstuhlplatz meistens im Wagen der ersten Klasse, kurz nach dem Bistro. Dort müssen wir nun einsteigen. Nur hier sind die Gänge breit genug. Das Reisen mit Rollstuhl muss geplant werden. Eine Einstiegs- und Ausstiegshilfe kann nicht spontan, sondern nur einige Wochen im Voraus gebucht werden. Regelmäßig passieren Doppelbuchungen. Systemfehler heißt es dann. Dem stimme ich zu, aber nicht nur bei der Bahn. Dieser Irrtum macht ausnahmsweise sogar Spaß. Wir teilen uns den einen Rollstuhlplatz dann mit anderen Menschen mit Behinderungen. Dadurch werden wir weniger angreifbar und eher akzeptiert. Das Quetschen und Reden verkürzt die Zeit. Mir gefallen die Gespräche über ähnliche Abenteuer.

Problematisch ist, dass wir uns die anderen Mitreisenden nie aussuchen können. Einmal fuhren wir gemeinsam mit strengen Gesichtern, gestreiften Krawatten und aufgeklappten Laptops für ein Wochenende zur Großmama nach Frankfurt am Main. Die Menschen um uns herum bezahlten für ihre Ruhe und den Komfort. Lotte hasst es, sich benehmen zu müssen. Während ich das Gepäck verstaute, stopfte sie sich das DB-Mobil-Magazin in den Mund. Sie spuckte einige aufgeweichte Reste auf den Tisch.

»Bäh«, sagte Kasimir.

Abscheulich, schienen die anderen zu denken. Verstohlene Blicke tauchten hinter den Bildschirmen auf.

Lotte mag keine Ruhe, kein Stillhalten. Ständig muss sie Geräusche von sich geben. Entweder sie klatscht, mault oder lacht ungehemmt. Mehrere Augenpaare schauten mich bereits in Berlin-Spandau vorwurfsvoll an. Einige Ohren wurden nach lautem Gestöhne zugestöpselt. Ich setzte auch Lotte ihre Kopfhörer auf. Sie sang lauthals die Melodien ihrer Lieblingslieder mit.

»Geht das auch leise?« Hinter unserem Sitz schaute ein rundes rosafarbenes Gesicht hervor. »Ich muss arbeiten«, sagte der Mann mit den gelblichen Zähnen im weißen Hemd.

»Geht das, Lotte?« Ich gab die Frage direkt weiter.

Versunken presste sich Lotte die Hörer fester auf die Ohrmuscheln. Sie sang noch lauter die Melodie von *Es war einmal ein Hase und der hieß Augustin* von Frederik Vahle mit.

»Meine Tochter antwortet nicht«, sagte ich dem Herrn.

»Dann verbieten Sie es ihr«, reagierte er genervt.

»Hör auf mitzusingen«, befahl ich meiner Tochter.

Aber sie hörte nicht auf.

»Ich habe schließlich nicht ohne Grund erste Klasse gebucht«, sagte der Mann mit dem zweitklassigen Verhalten.

Als Lotte mit dem Singen aufgehört hatte, konnte ich endlich zur Toilette.

»Mama«, rief Kasimir kurz darauf von draußen.

Ich riss die Hose hoch und die Tür auf. Lotte saß brüllend in ihrem Rollstuhl. Ihr Kopfhörer lag auf dem Boden. Der Schaffner versuchte, die aufgebrachten Männer und Frauen zu beruhigen. Ich redete mit Lotte.

Die restlichen Stunden waren für uns alle eine Qual. Die Mitreisenden schienen bis Frankfurt den Atem anzuhalten. Nur das Klickgeräusch einer Tastatur war zu hören. Und die Klingeltöne von eingehenden Nachrichten auf dem Handy. Der unfreundliche Mann schien effektiv arbeiten zu können. Mit höchster Anstrengung erreichte ich bei Lotte eine Ruhefrequenz, die keinen Anlass für weiteres Gezeter hergab. Wir verbrachten viel Zeit in der Behindertentoilette. Das automatische Öffnen und Schließen der Toilettentür machte beiden Kindern Spaß. Verriegeln nicht vergessen. Fast nichts ist peinlicher als das vorzeitige Öffnen der Tür bei nicht vollendeter Sitzung. Auch das Bistro gewährte uns Asyl. Und wenn Lotte einen Sechser-Pasch würfelte, warfen wir mit anderen, lustigeren Mitreisenden die Hände in die Luft. »Kniffel«, rief Kasimir lauthals. Kurz vor Hanau kehrten wir zu unseren gebuchten Plätzen zurück. Die meisten schliefen. Oder lasen Zeitung. Das Idyll war schnell vorbei. Lotte hatte Hunger. Und Durst. Gleichzeitig wollte sie Musik hören. Und endlich ihre Großmama sehen. Kasimir setzte sich gegen den Lärm seine Kopfhörer auf. Ich summte ein innerliches Om.

Eine Lösung musste her. Auch die Wochenenden, Zugreisen und Ferien sollten erträglicher werden. Bei Bekannten und einer Freundin hatte ich beobachtet, wie junge, freundliche Menschen aus dem Ausland einzogen, Zeit mit den Kindern verbrachten und gleichzeitig die deutsche Sprache lernten. Der Deal gefiel mir. Das wollte ich auch: Familienzuwachs, aber ohne eine weitere Schwangerschaft und Geburt.

Eines Tages zog der schweigsame Pavel aus Moskau bei uns ein. Ein männliches Au-pair fühlte sich nach einer guten Lösung an. Stark, strapazierfähig und stressresistent. So jedenfalls hatte ich mir den Familienzuwachs vorgestellt.

Ich klopfte an die Tür des Gästezimmers.

»Yes, wait a second«, hörte ich.

Als sich die Zimmertür öffnete, stand ein fremder Geruch zwischen uns. Auf Pavels Schreibtisch blickte ich seiner Freundin in die Augen. Eine junge Frau mit hohen Wangenknochen blinzelte über den Bildschirm ins Leere. Das Skypen war Pavels Welt. Hier fühlte er sich zu Hause. Bei uns wollte er nicht ankommen.

»Hast du Hunger?«, fragte ich.

»Don't understand«, sagte er achselzuckend. Seine langen Wimpern flatterten auf und nieder. Der melancholische Blick hatte mich am Anfang fasziniert. Ich fuchtelte mit beiden Händen vor meinem Mund herum. Und machte die Gebärde für Essen. Vielleicht würde er Lottes Sprache verstehen.

Pavel schüttelte den Kopf und verschwand in seinem dunklen Zimmer. Das Miteinander hatte ich mir anders vorgestellt. Irgendwie kommunikativer und lustiger. Doch Pavel kapselte sich ab. Abends saß ich am Esstisch und grübelte. Ist unser Leben wirklich so wenig einladend, stolperten meine Gedanken durchs Hirn. Ich wollte nicht aufgeben. Die Idee gefiel mir weiterhin gut. In der Hoffnung auf ein gelingendes Familienleben willigte ich trotz Störgefühle ein, den einjährigen Aufenthalt des Au-pairs durchzuziehen. Statt familiärer Einbindung forderte Pavel konkrete Aufträge. Er trug Lotte die Treppen hoch und runter, hob den Rollstuhl in den Kofferraum und Einkäufe in den Fahrstuhl. Vormittags ging Pavel in die Sprachschule. Und nachmittags verbrachte er viel Zeit beleidigt in seinem Zimmer. Denn er zankte sich täglich mit Kasimir. Dafür nicht mit Lotte. Die mochte er. Aber eher aus Mitleid. Kinder mit einer Behinderung taten ihm generell leid. Und unsere Tochter erst recht. Denn die musste so viel weinen und brüllen. Und das läge an uns Eltern, erklärte er mir. In Russland würden keine Kinder schreien.

Als ich ihn schließlich fragte, warum er überhaupt in unsere Familie gekommen sei, antwortete er ehrlich, dass er in Deutschland Karriere machen wolle. Mit Kindern wollte er jedoch möglichst wenig zu tun haben. Nach zwölf Monaten verabschiedeten wir ihn am Flughafen ohne Tränen. Eine Annäherung hatte bis zum Schluss nicht stattgefunden. Anstatt *Auf Wiedersehen* erklärte er lapidar: »Jetzt weiß ich, dass ich niemals Kinder haben möchte.« Obwohl mir das Konzept weiterhin gut gefiel, legte auch ich, sobald der Flieger abgehoben hatte, meinen Wunsch auf Familienerweiterung auf Eis. Der Versuch war grandios gescheitert. Aber sicherlich waren die Gründe für den Fehlschlag genauso vielfältig wie die Bewerbungsschreiben der Au-pairs. Pavel hatte einfach nicht zu uns gepasst. Allen anderen Interpretationen erteilte ich Hausarrest in meinem Denken. Unser Alltag funktionierte dank der Einzelfallhilfe einigermaßen. Doch auch die Freizeit am Wochenende und in den Ferien wollte ich in den Griff kriegen. Dafür musste es eine Möglichkeit geben. Ich durchforstete Internetforen und Beratungsbroschüren. Brüllende Kinder gab es doch überall. Wie verreisten denn andere Familien mit schwierigen Kindern?

Bella Bimba

Guarda che passa, la villanella,
agile snella saben danzar.

Ma come balli bene, bella bimba
bella bimba, bella bimba.
Ma come balli bene, bella bimba,
bella bimba, balli bim!

– Traditionelles italienisches Lied,
Wir Kinder vom Kleistpark

Wir stehen am Gleis und warten auf den Cinque-Terre-Express. La Spezia steht auf der Anzeigetafel. In den Rucksäcken befinden sich Badesachen, Sonnencreme und Bücher. Unsere Gesichter sind bereits gebräunt. Und auch schon entspannt. Kein trüber Gedanke beschwert mich. Kasimir springt nach hinten, als der Zug einfährt. Lotte freut sich über den Wind. Eine fast normale Familie, wenn nur der Rollstuhl nicht wäre. Der ist grün und robust. Mit gelb leuchtenden Zitronenscheiben als Speichenschutz. Um uns herum stehen Amerikanerinnen. Und Deutsche mit Ferngläsern. Eine Gruppe Japaner eilt heran.

Der Zug hält. Wir warten. Eine Traube von Menschen strömt heraus und dann eine andere hinein. Sie drängen und quetschen sich mit ihren Taschen und Plastiktüten. Auf einmal ist der Einstiegsbereich leer. Nicht ganz. Eine Metallstange wird von der Sonne erleuchtet.

»Das schaffen wir«, sagt Sebastian. »Ich vorne und du hinten.«

Gemeinsam tragen wir den Rollstuhl die Stufen hoch. Wir robben auf Knien und drücken und ziehen.

»Ihr schafft das«, feuert Kasimir uns an.

»Noch mal«, motiviert uns Lotte.

Der Rollstuhl ist zu breit. Stabilität war uns bei der Auswahl wichtiger als Flexibilität. Wir haben uns für ein sportliches, nicht klappbares Modell entschieden, und das passt nicht an den Seiten der Metallstange vorbei. Die Lokomotive gibt ein lautes Signal von sich. Adieu, du Urlaubsgefühl. Wir treten von der Bahngleiskante einen Schritt zurück. Die Lokomotive pfeift ein zweites Mal. Aus der Traum, denke ich. Unsere mangelnde Anpassungsfähigkeit bringt uns um romantische Buchten, Strände und Meer.

Aber nicht in Italien. Der Lokführer klettert aus seinem Führerhäuschen und kommt auf uns zu. Die Fenster in den Abteilen öffnen sich. Neugierige Köpfe drücken sich ins Freie.

»Ciao bella«, sagt der Italiener und hockt sich vor Lotte.

»Come va?«, fragt er.

»Was will er?«, fragt Kasimir.

»Er will wissen, wie es Lotte geht«, übersetzt Sebastian.

»Warum will er das wissen? Das fragt sonst nie jemand«, stellt Kasimir fest.

Sebastian spricht Italienisch. Er schildert die Situation. Und zeigt auf den Rollstuhl.

»Nessun problema«, erwidert der Lokführer.

Er kramt in seinen tiefen Hosentaschen. Das Werkzeug passt. Wir demontieren gemeinsam die Räder. Und schrauben die Sitzschale ab. Dann nehmen wir neben den Japanern im Waggon Platz und schauen raus auf das leere Bahngleis. Die Lokomotive pfeift. Und der Cinque-Terre-Express setzt sich langsam in Bewegung. Wir fahren durch unzählige Tunnel. Zwischendurch erscheint das türkisfarbene Meer. Buchten, Strände und blühende Kakteen. Wunderschön, denke ich.

6

Kasimir gab auf Inlinern das Tempo vor. Ich rannte an Autos und Bäumen vorbei. Vor mir der Rollstuhl. Ein Dackel bellte. Er und sein Herrchen schauten uns hinterher. Ich wich liegen gebliebenen Bierflaschen auf dem Bürgersteig aus. Kasimir sprang über Hundehaufen. Wir wurden immer schneller.

»Das Leben ist schön«, schrie Kasimir.

Der Wind trieb mir die Tränen in die Augen. Diesmal rauschten wir am Leben vorbei.

»Ihre Tochter ist gar nicht behindert«, rief eine Frau, die im Straßencafé saß und von ihrer Zeitung aufblickte. »Unsere Gesellschaft behindert sie.«

Die Zeitung raschelte. Die Worte der Frau hefteten sich an unsere Fersen. Ich hielt die Hand vor meine Augen. Die Sonne blendete mich.

»Schneller«, sagte Kasimir und drehte sich grinsend nach mir um. Der Wind pfiff in meinen Ohren. Lotte lachte. Glück kann so gnadenlos und unverhofft sein, dachte ich. Wie gerne würde ich fliegen können. Die Flügel ausbreiten und von oben auf unser Leben blicken. Die Stadt würde schrumpfen, unsere Probleme ebenfalls. Ich könnte unsere Wohnung sehen. Die große Kastanie im Hinterhof wäre nur als kleiner grüner Punkt zu erkennen. Einmal um den Fernsehturm kreisen, anstatt sich im Alltag immer nur im Kreis zu drehen. Mich leicht und unbeschwert einem Vogelschwarm anschließen und neue Eindrücke sammeln. Gleiten, nur vom Wind bewegen lassen.

Es war der erste Tag der Osterferien. Das endlose Packen hatte begonnen. An alles musste gedacht werden. Lotte mochte keine anstehenden Veränderungen. Vor jeder Abreise begann sie, hysterisch zu schreien. Vielleicht aus Angst, wir würden sie zu Hause lassen? Sebastian sortierte die Sachen in die Koffer, während wir das erste Feriengefühl aus dem Sack ließen.

»Morgen fliegen wir in die Ferien«, rief ich, anstatt abzuheben.

Kasimir drosselte das Tempo. Nur Lotte war nicht außer Atem. Sie rief »mehr«, während Kasimir und ich nach Luft rangen.

In den Ferien einfach mal die Seele baumeln lassen – wie ging das noch mal? Vor allem das *einfach* gestaltete sich schwer. Schon das Reisen war aufwendig. Mit Lotte hatten wir viel Gepäck. Toilettensitz und Therapiestuhl mussten mit. Ganz zu schweigen von den speziellen Windeln, die es nicht in Drogerien zu kaufen gab. So stapelte sich jedes Mal ein großer Teil im Kofferraum. Oder wir mussten Bahn und Fluggesellschaft über unser Kommen und das Sperrgepäck informieren. Gute Krankenhäuser sollten sich auch in den Ferien in unserer Nähe befinden und Strände für Rollstühle zugänglich sein. Wir hatten bereits Erfahrungen mit wenig erholsamen Reisen gemacht. Das lag mal an behindertenunfreundlichen Unterkünften, mal an der ablehnenden Haltung anderer Urlauber und dann wieder an fehlender Unterstützung und mangelnden Betreuungsangeboten. Appartements befanden sich versehentlich neben Meditationszentren und nächtliche Beschwerden vor der Ferienwohnung. Die Folge: mehr An- als Entspannung.

In Portugal war das anders. Dort gab es ein Landgut, auf dem sich Familien mit behinderten Kindern einfach mal erholen sollten.

Silke empfing uns auf der Herdade. Sie war klein und muskulös. Aus ihrem Gesicht strahlte die portugiesische Sonne. Seit vielen Jahren lebte die diplomierte Sozialpädagogin hier. Sie bot Familien mit behinderten Kindern ein integratives Betreuungsprogramm in den Ferien an. Sie hatte verstanden, was die Eltern am dringendsten benötigten: einen kraftspendenden Ort. Gleichzeitig hatten die Kinder Spaß und wurden auf unterschiedlichsten Ebenen gefördert. Jede Einschränkung und jedes Verhalten waren willkommen. Fortschritte und gute Laune nicht zu vermeiden.

»Habt ihr den Flug gut überstanden?«, fragte sie.

»Das haben wir«, antwortete Sebastian.

Nur Kasimir sah noch etwas grün im Gesicht aus. Die Landung war holprig gewesen und sein Magen gefüllt mit Lakritze.

Auf der Herdade lebten Pferde, Esel, Hunde, Ziegen, Katzen und Menschen mit und ohne Behinderung für eine bestimmte Zeit miteinander. Silke und ein Team aus weiteren jungen Betreuerinnen und Betreuern boten allen Kindern mit und ohne Behinderung ein heilpädagogisches Erlebnisprogramm an. Im Mittelpunkt stand das therapeutische Reiten. Silke ist auch diplomierte Reittherapeutin. Aus unterschiedlichen Regionen Deutschlands reisten die Familien an. Manche schon seit über zehn Jahren. Einige Eltern und Kinder kannten sich bereits. An den Vormittagen flüchteten sich die Erwachsenen an den Strand. Lachen, lesen, langweilen oder ausführlich Mittag essen und das Ganze ohne Kinder. Ganz ungewohnt. Und ungewöhnlich schön.

Das Beobachten der anderen Familien, die ähnlichen Themen, mit denen auch sie sich herumschlugen, waren erschreckend und heilsam. Selbsthilfegruppen sind mir schon immer suspekt. Trotzdem suchte ich den Austausch mit Gleichgesinnten und gleich Geforderten. Das Leben mit einem Kind mit Behinderung ist definitiv anstrengender als ein Leben mit normal entwickelten Kindern. Das konnte ich hier sehen. Auch wenn ich mir immer wieder versuchte einzureden, dass meine Schwestern mit ihren Kindern ähnlich angestrengt seien wie ich. Für einen bestimmten Lebensabschnitt mag das auch stimmen. Aber nur, solange die Kinder klein sind.

Auf der Herdade war es ein großes Thema, dass die Eltern nach Absprache mit Silke abends ausgehen durften. Das war wirklich eine Besonderheit. Im Alltag war das selten möglich. Denn weder Nachbarn noch Freundinnen oder auch normale Babysitter trauten es sich zu, auf Lotte alleine aufzupassen. In Portugal ließen sich Silke und die anderen Familien nicht von Lottes Verhalten und ihrer Epilepsie einschüchtern. Als alle Kinder schliefen, schlichen Sebastian und ich ins nächste Dorf. Wir küssten uns im Laternenlicht und unterm Sternenhimmel. Als uns dann noch die Nachtigall auf dem Weg nach Hause mit ihren Arien begleitete, mussten wir uns kräftig gegenseitig festhalten. Der Rückenwind schien uns in die Luft heben zu wollen.

»Ihr habt es gut«, sagte eines Abends eine der anderen Mütter zu mir. »Ihr seid zu zweit.«

»Ich könnte das nicht alleine«, erwiderte ich.

»Unmöglich«, sagte auch Sebastian.

»Das habe ich auch gedacht«, erklärte die Mutter. Und dann sei es doch gegangen. Nicht leicht, aber irgendwie.

Seitdem ihr Sohn mit einem Computer kommuniziere, wäre der Alltag ein bisschen unkomplizierter geworden. »Jetzt weiß ich, warum sich mein Sohn in manchen Situationen ärgert. Und auch, wenn ihm die Einzelfallhilfen nicht sympathisch sind. Wir können Probleme leichter entsorgen. Das würde Lotte sicherlich auch helfen«, sagte sie.

»Lotte kann nicht schreiben.«

»Vielleicht lernt sie es ja noch.« Die Mutter nickte mir aufmunternd zu. »Das erleichtert vieles«, erklärte sie. Inzwischen sei ihr Sohn volljährig und lebe seit Kurzem in einer Einrichtung. Aber sie wisse, dass es ihm gut gehe, und wenn er nach Hause wolle, planten sie einen Besuch. Auf gemeinsame Ferien freuten sich beide. »Ich habe ein Stück von meinem Leben zurück«, sagte sie. »Das fühlt sich nach so vielen Jahren richtig gut an.«

Die Mutter stand auf und stolperte in diesem Moment über ein am Boden liegendes Kabel. Die Standleuchte neben uns erlosch. Mir kam es vor, als sei mir der Stecker gezogen worden. Die Vorstellung, mich weitere nicht enden wollende Jahre in dieser Intensität um Lotte zu kümmern, demotivierte mich. Auch wenn wir zu zweit waren. Und gerade an einem Ort wie diesem. Denn hier spürte ich, dass das Leben noch etwas anderes zu bieten hatte. Auf der Herdade war Lottes Behinderung, wenigstens für zwei Wochen im Jahr, ein selbstverständlicher Teil von ihr. Wie ein Wesenszug oder eine Charaktereigenschaft. Ein Merkmal. Und kein Mahlwerk, das uns zu zerquetschen drohte. Ich hatte den Eindruck, in Portugal war alles möglich. Sogar Fliegen konnte man hier lernen, so schien es mir.

Was ebenfalls immer Erholung versprach, waren Reisen mit befreundeten Familien, die ebenfalls ein Kind mit Behinderung hatten. Und damit ähnliche Erwartungen und vergleichbare Stresssituationen. Das Essen durfte dann durch die Küche fliegen. Lautes Lachen und Brüllen war erlaubt. Gemeinsam fühlten wir uns weniger einsam. Und auch nicht aussätzig, wenn im Restaurant Gläser zersprangen, Tischdecken samt Dekorationen auf dem Fußboden landeten und alle glotzten. Wenn wir nach ein paar Tagen am Limit waren, tauschten wir unsere Kinder. Und die Kinder ihr Verhalten. Das Leben war eine Zeit lang entzerrt. Und gemeinsame Ausflüge wurden möglich. In bestimmten Konstellationen sogar Besichtigungen von Ausstellungen.

»Setz dich gerade hin«, sagte Silke. »Du entscheidest, wohin das Pferd gehen soll.«

Lotte grinste und richtete ihren Oberkörper auf. »Das machst du super«, lobte Silke. Lotte löste die Hand vom Voltigiergurt. Sie hatte genug Stabilität und winkte Richtung Tribüne. Dort saßen wir und zählten Glücksmomente statt Mückenstiche. Lotte hielt sich kerzengerade auf ihrem Pferd. Die Kommandos gab sie mit ihren Beinen. Der Rollstuhl im Hintergrund schien eine Attrappe zu sein.

Dann kam Kasimir auf Navajo, einem braun-weiß gefleckten Pony, angetrabt. Mit einer Angel fischte er Plastikreifen aus einem Wasserbehälter. Er war konzentriert und lachte. Wild applaudierten wir. Die überdachte Reitbahn war mit bunten Tüchern und Bändern dekoriert. An den Rändern blühten weiße Zistrosen. Hunde schnarchten im Schatten. Alle Kinder nahmen an der Aufführung teil.

»Lotte, zeig, was du heute gelernt hast.« Silke führte Lottes Pferd an den Zügeln quer durch die Reitbahn. Sie blieben vor uns stehen. Lotte winkte ausführlich. Dann legte sie sich rücklings auf den Po des Pferdes. Untypisch lange ließ sie ihren Kopf liegen.

»Großartig«, rief Silke.

»Bravo«, Sebastian.

»Zugabe«, verlangte ich und wischte mir Haarsträhnen samt Glückstränen aus dem Gesicht.

Alle Eltern klatschten.

»Mehr«, brüllte Sebastian und trampelte mit den Füßen.

Kasimir galoppierte an der Longe. Lotte trabte geführt durch einen Hütchen-Parcours.

»Jetzt wisst ihr, wie talentiert eure beiden Kinder sind«, sagte Silke zu uns.

Die Musik wurde aufgedreht. Auch die anderen Kinder liefen auf die Reitbahn. Sie verbeugten sich. Einige waren verkleidet, andere schüchtern, aber alle hatten Spaß. Der Beifall wollte nicht enden.

Eine Mutter beugte sich von hinten zu mir nach vorne.

»Ich glaube, eure Tochter ist gar nicht behindert«, flüsterte sie mir ins Ohr.

Doof gebor'n ist keiner

Das Warten dauert eine halbe Ewigkeit. Lotte, Kasimir und ich sitzen auf dem Flur im Gesundheitsamt. Es gibt kaum Spielzeug. Zerfledderte Kinderbücher liegen im Regal. Beide Kinder langweilen sich. Ich mich nicht. Ich lese vor und singe Lieder, trommele mit Händen und Füßen und verteile Kekse und Äpfel. Andere Kinder kommen und gehen. Eltern schimpfen und loben. Wir warten. Dann öffnet sich die Tür. Diesmal für uns.

»Kommen Sie rein.«

Eine große, korpulente Frau steht neben ihrem Schreibtisch und wühlt in einem Stapel Unterlagen. In Jeans und ein buntes Hemd gekleidet, begrüßt mich die Amtsärztin mit einem feuchten Händedruck. Ihre Fragen richten sich an mich, die Blicke auf Lotte. Ein paar Minuten später ist sich die Ärztin sicher.

»Ihre Tochter kann keine Regelschule besuchen. Das ist offensichtlich. Kann sie sprechen?«

»Sie antwortet auf Fragen mit Ja und Nein«, erkläre ich.

»Wie heißt du?«, fragt sie Lotte.

Stille.

»Auf solche Fragen kann meine Tochter nicht antworten.«

»Also spricht sie nicht«, sagt die Ärztin und notiert sich etwas auf einem Zettel.

Vor jeder Einschulung wird eine ärztliche Entwicklungsdiagnostik verlangt. Schuleingangsuntersuchung nennt sich die Begutachtung. Anhand eines speziellen Testverfahrens wird festgestellt, ob das Kind in irgendeinem Bereich spezielle Förderung benötigt.

»Ihre Tochter braucht in allen Bereichen Förderung.«

Eine längere Pause. Dann ein Räuspern. Und eine Frechheit.

Vor Lotte auf dem Tisch befindet sich eine runde blaue Dose, die mit gelben Noten verziert ist. Die Kurbel besteht aus einem feinen, gebogenen Metallbügel, auf dessen Ende eine kleine rote Kugel sitzt. Lotte nimmt die Spieluhr in beide Hände, leckt vorsichtig an der Oberfläche und betastet die Kurbel. Motorisch ist es für sie unmöglich, die Kugel zwischen Daumen und Zeigefinger zu nehmen, um die Spieluhr mit einer kreisenden Bewegung zum Klingen zu bringen.

»Charlotte versteht nichts. Sie versucht nicht mal, die Kurbel der Spieluhr zu bewegen.« Die Sätze quellen blumenkohlartig aus dem Mund der Ärztin. Ich kann ihren Atem riechen.

»Lotte«, verbessere ich. Mehr fällt mir in diesem Moment nicht ein. Mein einziger Gedanke richtet sich gen Himmel. Warum holt mich hier eigentlich niemand raus? Ich wische die Innenflächen meiner Hände an meiner Hose ab. Jetzt schwitze ich.

»Ihre Tochter ist schwerstbehindert. Nicht nur körperlich, sondern auch geistig. Sie muss auf eine Förderschule.«

Wörter in Beton. Ich zücke Hammer und Meißel.

»Meine Tochter versteht mehr, als Sie denken. Sie weiß, dass sie die Kurbel der Spieluhr nicht drehen kann. Und ihr Geist ist ganz bestimmt nicht behindert.« Ich hasse diese Formulierung.

Der Wettkampf beginnt. Die Amtsärztin baut Bauklötze, Plastikringe, Bilderbücher und weiteres Testmaterial vor uns auf. Lotte macht mit. Auf ihre Art und Weise. Eine kleine Nachtmusik von Mozart erklingt. Kasimir dreht die Kurbel der Spieluhr.

Lotte stapelt Bauklötze. Einige Dinge landen auf dem Boden und andere an richtiger Stelle. Aber das genügt nicht. Nichts ist gut oder ausreichend. Herablassende Äußerungen werden über Lottes Kopf hinweggepustet. Viele

Sätze fange ich ab, andere schleudere ich zurück. Und irgendwann ist das Maß voll.

Ich bringe beide Kinder wieder auf den Flur.

»Ihr wartet hier. Mama ist gleich zurück.« Mit diesen Worten schließe ich die Tür des Untersuchungszimmers.

Breitbeinig steht mir die Kontrahentin gegenüber. Wir schauen uns in die Augen. Wie zwei Cowgirls mit den Händen an den Revolvertaschen. Ich springe zur Seite, und mit einem schnalzenden Knall reiße ich die dunkelbraunen Gardinen vor dem Fenster aus der Schiene. Im Nu liegt die Amtsärztin als Mumie verpackt am Boden. Als sich ihr Mund zum Schreien öffnet, stopfe ich Spieluhr, Bauklötze und Plastikringe hinein. Stille. Nur die kleine Nachtmusik erklingt aus ihren Backentaschen.

In Wahrheit endet der Kampf noch nicht mal mit einem Unentschieden. Auf der Rückfahrt nach Hause öffne ich die Fenster im Auto. Wir brüllen gemeinsam lauthals. Am nächsten Tag schreibe ich einen wütenden Brief an die Behörde. Ich erhalte nie eine Antwort.

7

Seit Lottes Geburt flatterten regelmäßig Elternbriefe in unseren Briefkasten. Anstatt wertvolle Tipps und Einsichten in die Entwicklungsphasen unserer Tochter zu erhalten, bekamen wir Tipps und Einsichten in die Entwicklungsphasen anderer Kinder. Normal entwickelter Kinder. Immer wieder vergaß ich, mir Lottes Entwicklungskurve vor Augen zu halten und ihre Fortschritte zu registrieren. Ich sah vor allem die Defizite. Sie konnte nicht basteln, keine Kinderverse aufsagen und auch keine Freundschaften knüpfen.

Dana, unsere Einzelfallhilfe, übte zwei bis drei Nachmittage pro Woche mit Lotte. Auch das Malen und Musizieren, aber vor allem Gebärden einzusetzen. Sie saß stundenlang mit im Kinderzimmer. So lange, bis Lotte einige Gebärden lernte. Es war das erste Mal, dass Lotte mit ihren Händen etwas zeigen konnte. *Hunger,* dabei klopfte sie sich mit der linken Hand auf den Mund. *Mama arbeiten* oder *Papa arbeiten,* diese Gebärden klappten am besten. Dabei wurden beide Hände zu Fäusten gemacht und übereinandergeklopft. Nicht jede Gebärde übernahm Lotte so, wie es die gebärdenunterstützte Kommunikation vorschlägt. Lotte improvisierte. Gerade so, wie es ihre Stimmung und Motorik zuließ. Die meisten Gebärden lernte sie nicht. Aus welchen Gründen auch immer. Vielleicht war sie zu faul? Waren die Gebärden ihr nicht differenziert genug? Oder die Bewegung zu kompliziert? Auch wenn ich hautnah Lottes Entwicklung miterlebte, kannte ich die Antwort auf diese Fragen nicht. Das machte mich rasend, wütend und traurig. Was denkst du denn gerade?, schrie es häufig in meinem Kopf. Ungeduldig forderte ich eine Reaktion ein. Und wenn sie mit *Ja*, *Nein* oder einer Gebärde antwortete, dann war ich mir nicht sicher, ob sie das auch meinte, was ich verstand. Vielleicht sind Lottes Gedanken ganz anders als meine, dachte ich, wenn Lotte wieder schwieg.

»Wer ist hier eigentlich behindert?«, fragte Kasimir gelegentlich, wenn wir Lottes emotionale Ausbrüche nicht einordnen konnten.

Wir gaben uns alle Mühe, Lotte zu verstehen. Das glückte gelegentlich. Täglich scheiterten wir. Viel zu lange hatte es gedauert, bis wir verstanden, dass Lotte frühmorgens, bevor sie die Wohnung verließ, ihren Bruder verabschieden wollte. Stattdessen brachten wir sie regelmäßig zurück ins Badezimmer und setzten sie aufs Klo. Bis Kasimir irgendwann herausfand, dass seine Schwester seinen Namen und ihr Bedürfnis, auf die Toilette gehen zu wollen, auf sehr ähnliche Weise äußerte. Von da an nahm Kasimir Lotte morgens in den Arm. Heute noch ist die Verabschiedung ein fester Bestandteil von Lottes Morgenritual: aufstehen, Musik hören, anziehen, Kakao trinken, Zähne putzen und dann Verabschiedung. Wehe dem, der sich nicht an die Abfolge hält. Die Nachbarn können ganze Heldenlieder davon singen.

Im zweiunddreißigsten Elternbrief wurden wir über den nahenden Schulbeginn informiert. Aber wir wollten weder den neuen Schulweg Probe laufen noch uns Gedanken über die Menge der Süßigkeiten in der Schultüte machen. Bei uns standen andere Dinge an. Eine grundlegende Entscheidung über die Schulform musste her. Jedes Kind soll an dem jeweils geeignetsten Ort lernen können. Was war der beste Ort für Lotte?

Auf dem Eingangstor der zuständigen Regelgrundschule unseres Einzugsgebietes saß eine Singdrossel. Ich klatschte in die Hände. Mit einem flötenden *tülip tülip* suchte sie sich einen anderen Beobachtungsposten. Ich ging die Stufen hoch ins Sekretariat. Zweiundzwanzig unüberwindbare Stufen zählte ich. Hier musste ich Lotte anmelden. Das amtliche Schreiben ließ keine Zweifel zu.

»Gibt es hier einen Aufzug?«, war meine erste Frage. Ich stand in der halb geöffneten Sekretariatstür.

»Werden hier Kinder mit Behinderungen beschult?«, meine zweite.

Die Antwort auf beide Fragen lautete »Nein.« Die Sekretärin ergänzte: »Zumindest keine Rollstuhlkinder.«

Unser Gespräch war damit beendet. Die Regelschule unseres Bezirks kam für unsere Tochter nicht infrage. Und auch Lotte kam für die Schule nicht infrage. Es gab kein Geld für Umbaumaßnahmen, viel zu wenig Lehrkräfte und zu viele Schüler und Schülerinnen, so die Erklärungen.

Lotte wurde im Sommer 2008 eingeschult. Wir entschieden uns für eine Spezialschule mit dem Förderschwerpunkt geistige Entwicklung. Sicherlich nicht aufgrund der Stellungnahme des Sozialpädiatrischen Zentrums und ganz bestimmt nicht aufgrund des Gutachtens der Schulärztin. Unsere Entscheidung hatte einen anderen Grund.

Die Erfahrungen der letzten Jahre waren prägend. Lotte hatte seit ihrem ersten Lebensjahr eine Integrations-Kita besucht. Dort war sie liebevoll betreut worden. Und doch hatten wir in dieser Zeit den Rand der Gesellschaft nicht verlassen.

Zu Anfang scheute ich keine Anstrengungen. Nachmittags suchte ich den Austausch mit anderen Eltern und Kindern.

»Es ist wichtig für Maya, dass Lotte in ihrer Gruppe ist.«

»Unsere Kinder werden ihr Leben lang von dem Umgang mit Behinderten profitieren.«

»Lotte ist niedlich.«

»An Toms Geburtstag machen wir eine Schnitzeljagd, aber Lotte kann natürlich trotzdem vorbeikommen, wenn sie Lust hat.«

Wäre sie doch tatsächlich eingeladen worden. Nicht nur ein einziges Mal. Und nicht im Nebensatz. Sondern im Hauptsatz, mit Nachdruck und ohne Konjunktiv. Sebastian wäre huckepack mit Lotte durch den Wald gerannt oder ich auf allen vieren gemeinsam mit ihr zum Ziel gekrochen. Sie hätte sich mit Schokoküssen beschmiert und lauthals mitgelacht.

Nach der anfänglichen Euphorie für Integration war mir irgendwann die Motivation verloren gegangen. Ich konnte das Energieniveau nicht halten und resignierte. Prompt blieben die Verabredungen ganz aus.

Die erste Besichtigung einer Förderschule überzeugte mich. Ich sah kichernde Teenager, Mädchen und Jungen, die sich neckten und mochten. Das, was ich sah, war genau das, was ich mir wünschte. Weniger Kampf im Alltag und mehr selbstverständliches Miteinander von Menschen mit und ohne Behinderung. Ich habe mich nicht explizit für eine Förderschule entschieden. Die Atmosphäre dort und das integrierte therapeutische Angebot sprachen mich an. Dieses Schulangebot versprach Entlastung.

Unsere Entscheidung schien auch Lotte zu gefallen. Auch wenn wir sie nicht nach ihrer Meinung gefragt hatten. Nicht, weil uns die nicht wichtig gewesen wäre. Sondern vielmehr, weil wir nicht auf die Idee gekommen waren.

Vom ersten Tag an ging Lotte gerne in ihre Schule. Erst war sie still und schüchtern. Mit der Zeit wurde sie frech und lustig. Sechs weitere Jungen und Mädchen besuchten ihre Klasse. Eine Lehrerin, eine pädagogische Unterrichtshilfe, eine Erzieherin und immer wieder Praktikantinnen oder Praktikanten gehörten zum Klassenteam.

Jedes Kind wurde in anderen Bereichen gefördert. Manche steckten Perlen auf, um zählen zu lernen. Ein Mädchen stempelte ihren Namen. Andere übten das Lesen von Buchstaben und Wörtern. Bei Lotte lagen die Schwerpunkte vermehrt in der Förderung ihrer Selbstständigkeit. Sie lernte, ihren Löffel zu halten und allein damit zu essen. Mit beiden Händen begann sie, sich in ihrem Rollstuhl fortzubewegen. Sogar einige Schritte am Rollator waren möglich. Auch das Kommunizieren mit Gebärden und Symbolkarten wurde geübt. In dieser Schule hatte man Zeit. Nichts musste in Eile geschehen.

Die Krankenkasse bewilligte einen speziellen Computer für Lotte. Mit diesem Talker konnte sie sprechen, denn die Symbole waren mit einer Stimme hinterlegt. Im Unterricht wählte Lotte anhand ihres Bildschirms Farben zu Formen aus. Sie konnte Aktivitäten wählen und eindeutiger mit den Ja-Nein-Tasten auf Fragen antworten. Zu Hause legte Lotte ihren Talker ab, schubste ihn auf den Boden und verweigerte jegliche Kommunikation mit dem Gerät.

»Geben Sie Ihrer Tochter Zeit. Jedes Kind benimmt sich zu Hause anders als in der Schule.« Die Klassenlehrerin ermutigte uns, geduldig zu sein.

Lotte benutzte ihren Computer nur dann, wenn sie in der Schule eine Eins-zu-eins-Betreuung bekam und ununterbrochen motiviert wurde, sich über Symboltasten mitzuteilen. Zu Hause war es weiterhin für sie effektiver, so lange zu brüllen, bis sie ihr Ziel erreicht hatte.

Das mit den fehlenden Freundschaften blieb auch in der Schule ein Thema. Ein Kind, das nicht redet und nicht offensiv auf andere Kinder zugeht, wird nachmittags oder am Wochenende nicht zum Spielen eingeladen. Es blieb also wieder an uns Eltern hängen, ob Lotte Besuch bekam oder nicht. Im Vorfeld teilte sie sich nicht mit. Ihre Reaktionen zeigten schnell, ob ich mit den Eingeladenen ins Schwarze getroffen oder danebengelegen hatte.

Mit Kasimir probten wir einige Jahre später den Schulweg. Vor der Einschulung machte ich mir Gedanken über den Inhalt der Schultüte. Nicht so viel Süßes, besser Nüsse, Buntstifte und Rätselhefte. Und dann stopfte ich doch ganz viele Lakritze und Weingummi rein.

Zusammen besichtigten wir unterschiedliche Schulen. Gemeinsam entschieden wir uns für eine Inklusionsschule. Kasimir ist stolz, wenn ich mit Lotte zur Weihnachtsfeier seiner Klasse oder zum Schulfest komme. Er organisiert den Fahrstuhlschlüssel, hält uns die Türen auf. Viele kennen Lotte, einige begrüßen sie.

Lotte ist Kasimir nie peinlich. Auch dann nicht, wenn sie beim Adventssingen lauthals die Melodien mitsingt und an den falschen Stellen applaudiert. Alle gucken. Nur Kasimir nicht. Er nimmt Lottes Hand.

Ich habe mich häufig gefragt, wie es Lotte auf Kasimirs Schule gefallen würde. Ob sie größere Fortschritte machen und Freundinnen finden würde? Ich weiß es nicht. Auch auf Kasimirs Schule fällt Lotte auf. Ich sehe in den Klassen keine Kinder mit Einschränkungen, wie Lotte sie hat. Es gibt kein Vorbild, kein Bild, an dem ich mich orientieren könnte. Brüllt Lotte vielleicht deswegen so viel, weil sie sich besonders viel Normalität wünscht? Ich beobachte die Kinder, die Lehrkräfte und die Eltern. Und ich sehe den Kampf um ein vielfältiges Miteinander. Sollte ich mich mehr engagieren? Vielleicht mache ich es mir zu bequem, Lotte in einem Sondersystem beschulen zu lassen. Aber auch in dieser Welt macht sie Fortschritte. Oder vielleicht genau deswegen? Lotte liebt ihre Lehrerinnen und die kleine Klasse. Ist mein Ausruhen legitim? Darf ich Lotte vor Frust und Ausgrenzung schonen? Oder muss ich größer denken und nicht nur an Lottes Leben? Täglich toben diese Fragen in meinem Kopf.

Shalom Chaverim

Shalom chaverim,
shalom chaverim,
shalom, shalom!
Lehitraot, lehitraot
Shalom, shalom!

Friede, meine Freunde!
Friede, meine Freunde!
Friede, Friede!
Auf Wiedersehen! Auf Wiedersehen!
Friede, Friede!

– Israelisches Volkslied, Wir Kinder vom Kleistpark

E*s ist Sonntagabend. Bitterkalt. Wir stehen vor einem italienischen Restaurant und warten auf den nächsten freien Tisch. Drinnen brennen Kerzen. Draußen bläst Kasimir seinen weißen Atem in die Luft. Lotte zieht ihre Handschuhe aus. Sie landen im Schnee.*

»Kann ich Ihnen helfen?«, fragt mich eine sympathische Frau, als ich mich bücke und unter dem Rollstuhl verschwinde.

»Das ist nett. Nein«, sage ich und hebe auch gleich die Mütze auf, die hinterhergeflogen kommt. »Meine Tochter mag keine Kälte. Aber auch keine Winterkleidung.«

Wir lachen. Die Frau betritt das Restaurant.

Im Winter nervt einiges. Zum Beispiel der Wintersack am Rollstuhl. Er schleift gegen die Räder und bremst. Lottes Füße sind permanent kalt. Sie braucht Fußwärmer und Wärmflaschen. Die dicke Daunenjacke lässt sich nur schwer über Lottes dünne und steife Arme ziehen. Und die fehlen-

den Sonnenstrahlen trüben unser Gemüt. Außer wenn wir Schlitten fahren gehen. Zumindest bergab haben wir Spaß.

In der Pizzeria befindet sich unser Tisch direkt neben der Garderobe und vor den Toiletten. Hier stört Lottes Rollstuhl nicht. Er tropft. Größere Pfützen bilden sich unter den Rädern.

Ein älteres Ehepaar sitzt neben uns. Sie lächeln freundlich, aber nicht lange. Denn Lotte isst ihre Pizza nicht. Sie verreibt ein Stück auf dem Tisch, während ich Kasimir beim Schneiden helfe. Einige Brocken fliegen durch die Luft. Eine Kellnerin eilt herbei. Sie kniet sich neben Lotte und hebt das Essen vom Boden auf. Lotte zieht ihr blitzschnell die Brille von der Nase und wirft sie der bereits schlecht gelaunten Sitznachbarin auf den Schoß. Die ist so verärgert, dass sie aufsteht.

»Ungezogenes Kind«, schimpft sie.

Ich lächle entschuldigend. Ihr Mann bezahlt. Beide drehen sich auf der Türschwelle noch einmal kopfschüttelnd um. Betretenes Schweigen. Alle Augen sind auf uns gerichtet.

Am liebsten würde ich das Restaurant fluchtartig verlassen, aber unser Tisch befindet sich in der hintersten Ecke des Raumes. Wir haben schon genug Unruhe verursacht. Möbel verrücken, allgemeines Aufstehen, Erklären und Diskutieren, und das alles nur, damit der Rollstuhl durch die Enge manövriert werden kann. Also bleibe ich sitzen und rede auf Lotte ein. Ich flüstere Drohungen in ihr Ohr. Halte ihre Hände fest. Doch Lotte hört nicht auf.

»Hat Ihre Tochter keinen Vater?« Ein grauhaariger Mann beugt sich vom Nebentisch zu mir und schaut mich durch seine großen Brillengläser an. Sein Blick ähnelt dem eines Greifvogels auf Beutejagd.

Ich stutze. Und entscheide, nicht auf diese Frage einzugehen.

»Doch hat sie«, sagt Kasimir.

Am Nebentisch kichern einige verlegen. Die Stimmung lockert sich. Allgemeines Kauen ist wieder zu hören. Lotte beginnt, die Reste ihrer Pizza zu essen. Der Mann mit Brille beobachtet uns weiterhin mit Argusaugen.

An der Theke fällt ein Teller auf den Boden und zerspringt. Lotte kreischt. Ich weiß nicht, warum. Aber jeder Anlass zur Schadenfreude macht Lotte gute Laune. Ist das ihre Genugtuung, dass den »Normalen« auch mal etwas danebengeht? Oder hat sie einfach nur Spaß an der Unruhe und dem Durcheinander? Gekonnt löst sie beide Bremsen und schiebt sich mit einem gewaltigen Ruck vom Tisch weg. Dabei landet der Schiebegriff ihres Rollstuhls im Rücken des meckernden Mannes mit der Brille auf der Nase. Ein Schwall von Beschimpfungen ergießt sich über uns. Ich spanne einen gedanklichen Schutzschirm auf, entschuldige Lottes Verhalten und erkläre die Reaktion meiner Tochter.

Draußen braut sich ebenfalls ein Unwetter zusammen. Blitze zucken fast gleichzeitig zu den Donnerschlägen.

»Das Gewitter steht direkt über uns«, sagt Kasimir.

»Erstaunlich. Ein Gewitter im Winter«, stelle ich fest.

Es hagelt. Plötzlich ein Schlag. Das Restaurant leuchtet taghell. Und dann ist es dunkel.

Leises Gemurmel und Stühlerücken. Es dauert nicht lange, und die Kellnerin bringt uns eine Kerze. Auch die anderen Tische werden beleuchtet. Neben uns sitzt das Adlerauge. Seine Brille ist verschwunden. Er tastet über die Tischdecke, stößt das Weinglas um. Der Rotwein breitet sich auf der weißen Decke und seiner khakifarbenen Hose aus.

Lotte sitzt still vor den Resten ihrer Pizza.

»Kann ich Ihnen helfen?«, frage ich.

»Ich finde meine Brille nicht«, sagt der Mann mit schwacher Stimme.

Kasimir taucht unter den Tisch.

»Bitte schön.« Er legt ihm das Vermisste in den Schoß.

»Das ist nett. Danke«, erwidert der grauhaarige Mann.

Mit beiden Händen setzt er sich die Brille auf die Nase. Seine Augen blinzeln durch die großen Gläser.

»Jetzt kann ich wieder sehen«, sagt er erleichtert.

Er wirft Lotte einen unsicheren Blick zu. Sie wirft ihre Serviette in die Luft und winkt. Der ältere Mann steht auf, zieht seine Jacke vom Garderobenhaken. Er geht zur Theke und bezahlt die Rechnung.

Es ist schon spät. Die Normalität scheint wiederhergestellt zu sein. Mittlerweile funktioniert auch die Elektrik. Ich hebe die Hand. Die Kellnerin nickt mir zu und kommt an unseren Tisch.

»Ich würde gerne bezahlen«, sage ich.

»Das ist bereits geschehen«, antwortet sie.

8

Lotte lag in ihrem Bett. Ein paar Minuten zuvor war sie eingeschlafen. Doch dann kam ein schmatzendes Geräusch aus ihrem Zimmer. Und blitzschnell Kasimir.

»Lotte hat einen Anfall«, brüllte er.

Wir rannten ins Kinderzimmer. Ich drehte Lotte auf die Seite. Ihre Arme und Beine zappelten rhythmisch. Beide Augen waren schlitzförmig geöffnet. Lottes Blick flackerte im selben Rhythmus wie ihr Körper. Sie war nicht ansprechbar. Die Atmung flach. So flach, dass sich ihre Lippen blau färbten.

Lottes epileptische Anfälle treten nur nach dem Einschlafen auf. Und sehr unregelmäßig. Seit der Einschulung vermehrten sich die Krämpfe. Lotte musste Medikamente nehmen. Der Spezialist für Epilepsie interessierte sich mittlerweile auch für Lottes Hirnströme. Er sprach von *Grand-Mal-Anfällen*. Dabei krampft die ganze Muskulatur. In unserem Kühlschrank lagert deshalb Valium. Diesmal wirkte das Notfallmedikament nicht. Kasimir rannte haltlos durch die Wohnung. Wir riefen den Notarzt.

In schwierigen Situationen funktionierten wir erstaunlich gut. Dann wurde nichts hinterfragt, sondern gehandelt. In diesen Momenten fühlten wir uns als Einheit. Gemeinsam zählten wir die Minuten. Schwarze Gedanken flatterten durch meinen Kopf. Wie dunkle Schatten folgten sie mir, obwohl ich krampfhaft versuchte, an positive Dinge zu denken.

»Alles wird gut«, flüsterte ich in Lottes Ohr. Wir knieten neben ihrem Bett. Und Kasimir hockte schluchzend auf Sebastians Schoß. Als sich die Sirene des Rettungswagens mit den hocheilenden Schritten des Notarztes vermengte, verließen die flatterhaften Angstgespenster meinen Kopf. Ich öffnete das Fenster. Fledermäuse sausten durch die Dämmerung.

Lotte besitzt eine Menge Schutzengel. In der Kita war Lotte vom Wickeltisch gestürzt und mit der Wirbelsäule auf den blanken Fliesen gelandet. Nichts. Mit dem Rollstuhl drei Stufen ungebremst nach unten gekippt, während Pavel, unser Au-pair, vor sich hin gedöst hatte. Fast nichts. Eine aufgeschlagene Lippe und ein großer Schreck. Dann zu große Kartoffelstücke im Schlund. Nichts. Diverse weitere Unfälle. Außer blauen Flecken und Schürfwunden war nie eine größere Verletzung entstanden. Die Notaufnahme ist ein bekanntes Refugium für uns. Auch Kasimir war hin und wieder die Ursache für einen hektischen Ausflug. Womit die Schutzengel bei Lottes Geburt abgelenkt waren, weiß ich nicht.

Kaum betrat der Notarzt an diesem Abend unsere Wohnung, nahm Lotte einen tiefen Atemzug und war wieder bei Bewusstsein.

Hatten wir keine großen Sorgen, begann unsere Familie in Einzelteile zu zerfallen. Jede und jeder kämpfte um die Erfüllung der eigenen Bedürfnisse. Sebastian und ich rechneten auf und gegen, beschuldigten einander und schrien uns an. Noch schlimmer war das Schweigen.

Wir hatten uns in unserem neuen Leben eingerichtet. Ich fühlte mich nicht zu Hause. Etwas schien zu fehlen. Die Zweisamkeit zerbrach in Einsamkeit.

Wir arbeiteten beide. Sebastian ein bisschen mehr. Und ich ein bisschen gestresster. Im Wechsel probierte ich unterschiedliche Modelle: Festanstellung, Freiberuflichkeit dann wieder Festanstellung. Immer im sozialen Bereich. Und selten zufrieden. Versteckte ich mich beruflich hinter Lottes Behinderung? Oder war ihre Behinderung tatsächlich ein Hindernis für meine Karriere?

Es sind die kleinen Dinge, die große Veränderungen hervorrufen können. Bei mir waren es 389 Seiten. Eine Freundin brachte mir das Buch *Der Pferdejunge. Die Heilung meines Sohnes* von Rupert Isaacson vorbei. Eine Familie fährt ans andere Ende der Welt mit dem Wunsch, die Ursache und eine Lösung für die Aggressionen ihres autistischen Sohnes zu finden. Auf Seite einundsechzig wusste ich, was wir brauchten: ein Wagnis, eine Anstrengung, eine Herausforderung, die freiwillig gewählt war und unsere Familie wieder einte. Ich wollte Lottes Behinderung als Abenteuer sehen. Und nicht mehr als Einschränkung. Raus aus dem Alltag, dem Frust und der Routine.

Jahrelang hatte die Notwendigkeit zur Veränderung grazil neben meinem Bett gestanden und mir die Hand gereicht. Jetzt schlug ich ein.

Wir flogen nach Ulan-Bator in eine neue Welt. Es war Sommer. Kurz zuvor hatte Lotte das vierte Schuljahr beendet. Uns stand eine vierwöchige Reise durch die Mongolei bevor. Wir wollten von der Osttaiga bis in die Wüste Gobi fahren. Tausende Kilometer bei Temperaturen von null bis vierzig Grad Celsius.

Die mongolischen Ponys trabten stundenlang durch Kiefernwälder. Hin und wieder blitzte stahlblauer Eisenhut zwischen den Bäumen auf. Mönchsgeier blickten träge von einem bereits unkenntlichen Kadaver auf. Wir waren unterwegs mitsamt Gepäck und unseren gut gebündelten Problemen. Sebastian und Kasimir hatten sich erst widerwillig und dann bereitwillig auf dieses Abenteuer eingelassen. Was Lotte dachte, wusste ich nicht. Sie saß mit Tulga, unserem mongolischen Reisebegleiter, auf einem harten Holzsattel und wurde durchgeschüttelt. Tulga ritt in traditioneller mongolischer Kleidung, einem hellbraunen Deel mit orangefarbener Schärpe. Die lachenden Augen waren mir auf Anhieb sympathisch gewesen. Jetzt war sein Gesichtsausdruck angespannt. Mit einem Arm hielt er Lotte, die sich jedes Mal lachend nach vorne warf, wenn ihr Hintermann die Pferde mit einem lauten »Tschu!« antrieb. Gleichzeitig musste Tulga sein Pferd kontrollieren, den Weg navigieren und die müde Gruppe motivieren. Längere Pausen fielen aus, denn das Ziel musste vor Einbruch der Dunkelheit erreicht werden. An der Grenze zu Sibirien leben in den Sommermonaten Rentiernomaden. Dort wollte ich hin, um dem ursprünglichen Schamanismus zu begegnen.

Kasimir und ich ritten gemeinsam auf dem offensichtlich langsamsten Pony. Sebastian wackelte vor uns unsicher durchs Gestrüpp. Es war der erste Ritt in seinem Leben. Seitdem will er nie wieder einen Pferderücken besteigen. Für das Wohlergehen seiner Kinder nahm er aber nach wie vor so einige Unbequemlichkeiten auf sich. Sebastian ist extrem belastbar. Er besitzt die Fähigkeit, sich mit einer unglaublichen Geduld repetitiven Handlungen hinzugeben. Stundenlanges Ballspielen mit Lotte – sie ist eine mäßig gute Fängerin und eine überzeugende Werferin – und ergebnisloses Angeln mit Kasimir scheinen ihn nicht zu stören. Auch dann nicht, wenn er nachts kaum geschlafen hat. Beide Kinder lieben ihren Vater sehr.

Tulga hatte bereits Erfahrungen, Familien mit behinderten Kindern durch ein unwegsames Land wie die Mongolei zu begleiten.

Auch ich hatte bereits Erfahrungen. Zwar nicht mit

mongolischen Schamanen, aber mit einer ukrainischen Wunderheilerin. Herkömmliche Mittel wie Fachbücher, ärztlicher Rat, Medikamente und Verhaltenstherapien hatten unser Dilemma bisher nicht auflösen können. Lottes Brüllattacken und meine Verzweiflung darüber hatten mich beinahe in die Greifarme einer streng katholischen Heilerin getrieben. Die Ukrainerin hatte mich gefunden und nicht ich sie. Dies deutete ich versehentlich als ein Zeichen, eine Hilfestellung des Universums. Zum Glück war ich nicht in die Ukraine gereist, sondern nur durchs Internet. Heutzutage ist eine Heilzeremonie per Skype möglich.

Biblische Textstellen, Gebete und weitere unverständliche Worte beschallten meine eh schon sensiblen Ohrmuscheln. Unser Au-pair aus Russland stand an meiner Seite. Er verstand die Sprache der Frau auf dem Bildschirm und übersetzte einiges, sicherlich nicht alles. Und das war bestimmt gut. Vorwürfe – ich hatte alles falsch und nichts richtig gemacht – fanden den weiten Weg in unsere Wohnung. So auch vor Sonnenaufgang handgeschöpftes Quellwasser und Kerzen aus der Kirche. Ein Wunder war nicht geschehen. Anstatt Heilung blieb ein nicht enden wollender Durchfall bei Lotte zurück. Trotz meiner ersten negativen Erfahrung mit Heilzeremonien wollte ich dem mongolischen Schamanen begegnen. Nichts konnte ich unversucht lassen. Ich war bereit, viel auszuprobieren und einiges zu riskieren. Hauptsache, unser Leben änderte sich.

Und jetzt befanden wir uns auf dem Weg in die Osttaiga. In einzelnen Bäumen sah ich Schädel von Weidetieren hängen. Blaue Tücher schwebten im Wind, und klingende Metallgegenstände hingen in den Zweigen. Wir hatten bereits die Grenze zur magischen Region der Mongolei hinter uns gelassen. Hierhin hatten sich während der sowjetischen

Belagerung Schamanen mit ihren Familien und Angehörigen zurückgezogen. Dieses Fleckchen Erde war nicht mit Geländewagen zu erreichen, nur zu Fuß oder zu Pferd.

Am nächsten Morgen saßen wir vor einem weißen Tipi-Zelt. Mein Hintern war wund und die Laune gut. Wir warteten auf die schamanische Zeremonie am Abend, tranken heißen salzigen Tee mit Rentiermilch und blickten in die Weite. Neben mir Lotte, aber kein Rollstuhl. So waren wir darauf angewiesen, dass die Erlebnisse zu uns kamen. Im Sitzen verging der Tag sehr langsam. Lotte hörte Musik, denn Kopfhörer und MP3-Player waren immer mit dabei. Kasimir freundete sich schnell mit den mongolischen Kindern an. UNO-Karten flogen aus einem Zelteingang heraus. Eine Horde lachender Jungen und Mädchen hinterher. Mittendrin Kasimir, der versuchte, sein Kartenspiel wieder einzusammeln.

Nach kurzer Zeit bekam Lotte einen Wutanfall, wahrscheinlich aus Langeweile. Spazierengehen war ohne Rollstuhl nicht möglich. Und die abspielbare Liederanzahl endlich. Sebastian und ich ließen Lotte brüllen, denn hier schien es niemanden zu stören. Auch nicht die Rentiere, die um uns herum weideten. Sie blickten neugierig in unsere Richtung. Und kamen langsam näher, so nah, dass wir die weichen Geweihe streicheln konnten. Ein unerklärliches Geräusch brachte Bewegung in die Herde, und die Tiere rannten so dicht an uns vorbei, dass wir ihre Körper spürten. Wir blieben sitzen. Lotte schien diese Ablenkung zu gefallen. Das klackernde Geräusch der Hufe und die grunzenden Laute der Rentiere besänftigten ihren Ärger. Sie saß lachend vor unserem Zelt und ließ sich nicht mehr beruhigen. Erst als Tulga mit einer fetttriefenden Hammelsuppe in den Händen vor uns stand, wurde Lotte friedlicher.

Lottes Verhalten lässt sich gut in Schwarz und Weiß einteilen. Entweder ist sie schlecht gelaunt und schreit aggressiv, oder sie ist euphorisch und unkontrolliert laut. Grautöne erlebe ich selten.

Mittlerweile fühlten sich meine Gefühlsregungen ähnlich intensiv an. Ich war entzückt über die Bereicherung, die Lotte in mein Leben brachte, oder verzweifelt über die Qual, mein Leben nicht leben zu können. Dazwischen gab es wenig. Mein Kopf war immer voll und mein Energiespeicher leer.

Die Sterne leuchteten am Himmel. Als es dunkel war, versammelten wir uns im Zelt des Schamanen.

Kasimir war bereits eingeschlafen. Er hatte es sich hinter uns auf einer Matratze gemütlich gemacht. Über ihm hingen in Netzen Stücke von getrocknetem Quark. An der Zeltwand steckten hinter einem Gummiband Zahnbürsten in allen möglichen Farben. Zwei Frauen löschten das Feuer im Ofen und zündeten knisternde Zweige an. Die Kälte kroch zu uns herein. Und Lotte auf meinen Schoß. Ich spürte ihren schnellen Herzschlag. Diesmal war es tatsächlich die Aufregung. Im Zelt war es finster. Nur eine Kerze spendete mattes Licht. Schatten tanzten an den Wänden. Hohle Augen glotzten mich an. Das Gesicht des Schamanen war mit einer Maske verdeckt. Tanzend bewegte sich Ganbaa zu seinen Trommelschlägen. Die Zotteln seines Mantels peitschten durch mein Gesicht. Es roch nach Schnaps, nassem Hund und Wacholder. Lotte saß aufmerksam auf meinen Beinen. Nach einer Weile begann sie, ihren Oberkörper rhythmisch nach vorne und hinten zu bewegen. Weiße Stofffetzen flatterten gespenstisch neben der Trommel. Der Schamane begann zu schwanken. Er wirkte bereits wie in Trance. Dann hielt er inne. Nur die Glöckchen an seinem Mantel vibrierten. Er reckte seinen Kopf so weit nach oben, als wollte er die Sterne vom Himmel saugen. Ein gewaltiges Zucken durchfuhr seinen Köper. Ein Krächzen entfuhr seiner Kehle. Singend drehte sich der Schamane im Kreis. Ein Trommelwirbel baute sich über unseren Köpfen auf. Was Lotte in diesem Moment wohl dachte?

9

Vor der Reise hatte ich immer wieder versucht, mir vorzustellen, wie es danach sein würde. Bilder von einer entspannten und glücklichen Familie waren durch meinen Kopf gespukt. An anderen Tagen hatte ich Angst, dass alles beim Alten bleiben könnte. Zu jeder Zeit gab es aber diese Hoffnung in mir. Ich wünschte, unser Leben würde sich mit einem Paukenschlag ändern.

Der Morgen nach der schamanischen Zeremonie zeigte etwas anderes. Lotte öffnete ihre Augenlider und brüllte unverändert laut und lange. Vielleicht würde die Heilung erst ein paar Tage später eintreten?

Nach der schamanischen Zeremonie hatten wir noch länger im Zelt zusammengesessen, während beide Kinder in unseren Armen schliefen.

»Du bist während der Schwangerschaft von bösen Mächten attackiert worden«, hatte Ganbaa erklärt und Tulga übersetzt. Diese Energien seien während der Schwangerschaft in meinen Körper gefahren und hätten zu den Störungen bei der Geburt geführt. Jetzt seien wir geheilt. Auch von Lottes epileptischen Anfällen sollten wir uns nicht einschüchtern lassen. Diese Zustände seien eine Gabe und keine Krankheit. Dem Tipp, ihre Medikamente abzusetzen, folgten wir nicht. Ich empfand es bereits als großes Wagnis, mit Lotte eine Reise in ein Land zu unternehmen, in dem schulmedizinische Behandlungsmöglichkeiten in praktisch unerreichbare Ferne gerückt waren. Obwohl uns Lottes Gesundheit auf der gesamten Reise keine Sorgen bereitete, wollte ich kein zusätzliches

Risiko mehr eingehen. Mir gefällt die Theorie, dass Lottes Epilepsie mehr als eine Erkrankung sein könnte. Bis heute traue ich mich nicht, auf die Tabletten zu verzichten.

»Ihr werdet eine glückliche Familie«, hatte Ganbaa zum Schluss zu uns gesagt. Und uns den Rat mit auf den Weg gegeben, uns immer dann an die Weite der Mongolei, das unendliche Grün der Taiga und den tiefblauen Himmel zurückzuerinnern, wenn uns der graue Alltag zu erdrücken versuche.

Erst Jahre später war ich in der Lage, beurteilen zu können, was die Reise tatsächlich bewirkt hatte. Manche Prozesse geschahen schleichend, fast unerkannt. Wir waren immer noch keine entspannte Familie. Ganz im Gegenteil. Und doch ging es uns allen besser. Vor allem Lotte. Ein offensichtlicher Erfolg war, dass die Nächte ruhiger geworden waren. Aber das war sicherlich nicht in erster Linie das Verdienst des Schamanen.

Nach ein paar Tagen ließen wir Ganbaa und die Rentiernomaden hinter uns. Mit zwei Geländewagen begann die nächste Etappe der Reise. Wir wollten in die Wüste Gobi. Im Kofferraum stapelten sich Zelte, Isomatten und Schlafsäcke, Rucksäcke, Kochutensilien, ein Klo- und der Rollstuhl für Lotte. Neben Tulga begleiteten uns Ariuka, der schweigsame zweite Autofahrer, die kichernde Köchin Pujee und Border, ein junger schmaler Mongole, der uns in allen Lebenslagen unterstützte.

Wir saßen bis zu acht Stunden am Stück zusammengepfercht in den Jeeps. Die Gespräche verebbten in Staub und Getöse. Sebastian döste schlecht gelaunt neben Kasimir, der sich hinter seinen Kopfhörern verschanzt hatte. Beide wären lieber geflogen.

Ich genoss die schweigsamen Fahrten. Der Blick in die Weite der Mongolei befreite meinen Kopf. Meine Gedanken wurden immer dünner. Dieser Zustand war neu für mich. Der Alltag blieb zurück. Weder Anträge für Hilfsmittel noch Telefonate mit Ämtern und Kassen forderten hier meine Aufmerksamkeit.

Wenn Lotte bei Tulga im Auto saß, war ihre Welt in Ordnung. Begeistert klatschte sie bei jedem Schlagloch in die Hände und gab bewundernde Laute von sich. Sie liebte Tulgas Fahrweise und auch seinen Musikgeschmack. Ich hasse *Modern Talking*. Wenn Lotte diese Melodien mitsingt, dann macht mich das glücklich.

Auf den langen Fahrten sortierte Lotte am liebsten Schuhe im Fußraum. Sie warf sie voller Freude aus dem Fenster, was Tulga zum Glück meistens noch rechtzeitig bemerkte. Ich saß neben meiner Tochter, und ich hatte Zeit.

Ich bemerkte, dass sich Lotte veränderte. Es war ihr Blick. In der Mittagshitze legte sie häufig ihren Kopf auf meinen Schoß und schlief ein. Ich frage mich oft: was Lotte wohl träumt? Manchmal lachte sie im Schlaf.

Als sie aufwachte, blickte sie mir direkt in die Augen. Lottes Blick war ganz ruhig. Die Augenmuskulatur ist ebenfalls von der Spastik betroffen. *Nystagmus* ist die medizinische Bezeichnung für die permanent horizontal zuckende Bewegung ihrer Iris. Ganz selten blickt Lotte Gesichter oder Gegenstände direkt an. Aber auf dieser Fahrt fixierte mich meine Tochter so intensiv, als ob sie meine geheimsten Gedanken lesen könnte. Und während sie mir minutenlang in die Augen blickte, bemerkte ich, dass ich zum ersten Mal Lottes Augenfarbe erkennen konnte. Sie hat gar keine blaugrauen Augen, wie es im Reisepass steht. Sondern grüne wie ich.

Ich registrierte, dass in diesem Moment etwas völlig Unerwartetes geschah. Für eine kurze Weile schienen sich unsere Welten zu überlappen. Ich spürte ein gegenseitiges Verständnis. Die Reise durch die Mongolei machte uns beide glücklich. Das fast ununterbrochene Zusammensein während der langen Autofahrten vereinte uns. Diese Nähe lässt sich nur schwer in der Hektik des Alltags entwickeln. In diesem Punkt hatte sich der Kinderneurologe und Spezialist für Epilepsie getäuscht. In der Mongolei begann ich zu realisieren, dass es eine Schnittmenge zwischen Lottes und meiner Welt gab.

An das tägliche Auf- und Abbauen der Zelte hatten wir uns mittlerweile gewöhnt. Abends in der Dämmerung, wenn wir unseren nächsten Übernachtungsplatz erreichten, wussten wir, wer welche Aufgaben zu erfüllen hatte. Lotte packte mit an. Auf ihrem Schoß beförderte sie Schlafsäcke und Isomatten zu den einzelnen Schlafplätzen. Sie half beim Einsammeln von Feuerholz, zog lange, schwere Äste hinter ihrem Rollstuhl her. Je mehr sie zu tun hatte, desto friedlicher war Lotte. Das Lagerfeuer zog ihren Blick an. Stundenlang konnte sie in die Glut starren und dem Knistern des Holzes lauschen.

Lotte war eine viel unkompliziertere Reisebegleiterin, als ich erwartet hatte. Ihr gefiel das archaische Leben in der Mongolei. Sogar das Eintauchen und Waschen im kalten Wasser des Sharga-Sees tolerierte sie. Über das gekochte oder wahlweise gebratene Hammelfleisch freute sie sich jeden Tag aufs Neue. Ganz im Gegensatz zu ihrem Bruder. Kasimir lag schmollend in der Wiese und träumte von Spaghetti mit Tomatensoße.

Wir fuhren durch Ortschaften aus Blockhütten. Immer wieder begegneten uns ganze Familien auf einem Moped, die schaulustig und stumm neben Lottes Rollstuhl stehen blieben. Überall, wo wir hinkamen, war Lotte eine Attraktion. Das wunderte mich nicht. Wir sahen auf der gesamten Reise nicht einen weiteren Menschen mit Behinderung. Lotte wurde angestarrt, getätschelt und beschenkt.

Kasimir stand beschützend neben dem Rollstuhl seiner Schwester. Er freute sich über die Bonbons, die für ihn und Lotte häufig in seine Hände gelegt wurden.

Die Landschaft änderte sich. Vereinzelte mongolische Jurten tauchten wie kleine weiße Ufos in der Ferne auf. Die Natur wurde farbenfroher. Scharfgarbe, Glockenblumen, Wolfsmilchgewächse, Sauerampfer und viele unterschiedliche Gräser blühten. Hektische Erdhörnchen und maulende Schafe hasteten zur Seite, wenn Tulga und Ariuka hupend über die Schotterpisten fuhren. Wir rasteten neben türkisfarbenen Seen und vor gewaltigen Gebirgsketten. Über uns hörten wir die sanften melodiösen Triller der lautlos gleitenden Schwarzmilane.

Zwischen Tulga und Lotte entwickelte sich eine Art Freundschaft. Sie wollte ununterbrochen in seiner Nähe sein.

»Are you okay?«, fragte Tulga morgens, wenn Lottes Geschrei wieder einmal unerträglich wurde.

»Ja«, antwortete Lotte dann.

So überzeugend, als verstünde sie die englische Sprache. Und erstaunlicherweise war die Wut dann im Nu verflogen. Dankbar legte Lotte, wann immer es möglich war, ihre Arme um Tulgas kräftigen Hals. Hastig und etwas grob übersäte sie sein Gesicht mit feuchten Küssen. Lottes Spucke schien ihn nicht zu stören. Er erwiderte warmherzig ihre Umarmungen.

Nach der trockenen Hitze kam der Regen. Mit der Zeit verwandelte er kleine Rinnsale in gewältige Sturzbäche, die selbst Geländewagen nicht mehr durchqueren konnten. Blitze zuckten vor unseren Augen durch die Luft. Donnerschläge krachten über unseren Köpfen. Das schlechte Wetter eignete sich hervorragend, um in Kharkhorin das historische Museum zu besichtigen.

Sebastian und ich hielten kurz inne, bevor wir mit Lotte die Eingangshalle betraten. Es war Jahre her, dass wir uns so einer Stresssituation freiwillig ausgesetzt hatten. Mittlerweile mieden wir nicht nur Ausstellungen, sondern auch Einkaufszentren, Flohmärkte und Straßenfeste. Es sei denn, Live-Bands waren anwesend.

Eine Mongolin führte uns durch die unterschiedlichen Räume und erläuterte in einem kaum verständlichen Englisch einige Exponate. Geschichtlich holte sie weit aus. Lotte griff nach der nächstbesten Skulptur. Statt zu schimpfen, nahm Tulga Lottes Hand und begann, leise die Melodie eines Wiener Walzers zu summen. Ich interessierte mich nicht mehr für die Ausstellungsgegenstände, sondern für meine Tochter.

Lotte war ganz still und begann sich im Rollstuhl zu dieser Musik zu drehen. Die monotone Stimme der Mongolin schien sich in Orchestermusik verwandelt zu haben. Es war unglaublich. Statt zu brüllen, tanzte Lotte in ihrem Rollstuhl mit Tulga einen Walzer durch das Museum. Immer wieder hielt sie inne, kippte ihren Kopf in Tulgas Richtung und folgte dem leisen Summen von einem Ausstellungsraum in den nächsten. Tulga drehte Lotte. Lotte drehte sich selbst. Und die Erde schien ihre Rotationsrichtung zu ändern.

Die Reise durch die Mongolei hat meinen Blick auf unser Leben verändert. Ich sehe nicht mehr nur die Dinge, die wir aufgrund von Lottes Behinderung nicht machen können, sondern Möglichkeiten. Auch wenn ich weiterhin Probleme mit Lottes Aggressionen habe, mute ich ihr und mir viel mehr zu. Bei Entscheidungen binde ich sie im Vorfeld ein. Ihre Antworten nehme ich ernst, auch wenn sie mir abstrus erscheinen. Die schamanische Zeremonie hat sicherlich nicht bewirkt, dass sich Lottes mentaler Zustand extrem verändert hat. Aber die gesamte Reise hat dazu geführt, dass ich mit Lotte viel mehr auf Augenhöhe kommuniziere.

Die Wüste Gobi ist riesig. Und vielfältig. Wir durchquerten Mondlandschaften, in denen Steinflechten das einzige sichtbare Leben waren. Dort gibt es Schluchten voll schlummernder Dinosaurierskelette, Salzseen, Steppen und tiefgrüne Oasen. Wir übernachteten zum ersten Mal in einem Ger-Camp in dicht beieinanderstehenden mongolischen Jurten. Hier gab es richtige Betten, Wasser zum Duschen und zur Freude von Kasimir Spaghetti mit Tomatensoße. Tagsüber waren es jetzt über vierzig Grad. Unsere Bedürfnisse reduzierten sich auf Schattenplätze, kühle Getränke und luftige Kleidung.

Am meisten begeisterten uns die Sanddünen. Berge aus weißem Sand vor einem strahlend blauen Himmel. Gemeinsam zogen wir schwitzend Lotte in ihrem Rollstuhl zum Gipfel. Kasimir nahm seinen Ball mit. Am höchsten Punkt angekommen, setzten wir uns in den Sand. Tulga hob Lotte aus dem Rollstuhl. Ein Schrei zerriss die Stille.

»Nein«, brüllte Kasimir und rannte seinem Ball hinterher.

Er folgte der Spur im Sand. Lotte warf sich auf die Seite. Während Tulga den Rollstuhl alleine bergab zum Auto schob, kugelten wir zusammen die Sanddüne runter. Alles um uns herum schien sich zu drehen. Oben ist da, wo der Himmel ist?

Das Kostbarste in meinem Leben sind diese Momente, wenn wir alle glücklich sind.

Frosch und Maus

Der Frosch zog Hemd und Hose an, aha, aha.
Der Frosch zog Hemd und Hose an
und reckt sich wie ein Supermann, aha, aha.
Dann hüpft er zu dem Mauseloch, aha, aha.
Dann hüpft er zu dem Mauseloch
und küsst die Maus, die liebt ihn doch, aha, aha.
Die Maus sagt: »Du bist nass und grün.« Aha, aha.
Die Maus sagt: »Du bist nass und grün,
jedoch du quakst so wunderschön!« Aha, aha.

– Frederik Vahle

In den Sommerferien darf Lotte eine Woche Urlaub mit ihrer Großmutter in Bayern machen. Jedes Jahr. Darüber beginnen wir bereits nach Ostern zu sprechen. Großmama ist häufig Thema. Nicht nur, wenn es um die Ferienplanung geht. Eigentlich permanent.

»Mamama?«, fragt Lotte.

»Willst du Großmama sehen?«, erwidere ich, obwohl ich die Antwort bereits kenne.

»Ja«, schreit sie.

»Dann musst du jetzt lieb sein«, sagt Kasimir.

Für ein paar Minuten ändert sich Lottes Gesichtsausdruck. Wenn sie könnte, würde sie den Telefonhörer nehmen und direkt in Frankfurt anrufen. So dringend scheint sie sich ein Wiedersehen zu wünschen.

Während der Autofahrt in den Süden kann sie nicht still sitzen. Lotte brüllt nach Großmama, wenn ich bremse, entweder zum Tanken oder für andere Pausen. Nach stundenlanger Reise schlängelt sich das Auto den steilen, kurvigen Weg zum Ferienhaus hoch. Kasimir hält sich die Ohren zu.

Das euphorische Gebrüll ist immens. Dann vor dem Haus reißt Großmama die Auto-Schiebetür auf.

Die Ferien können beginnen. Es gibt Ausflüge, Klatschkonzerte, Reitstunden, Lachanfälle und statt Gemüse, wie bei mir, Fleisch zum Abendessen.

Lotte ist bekannt in dem bayerischen Dorf. Die ersten Jahre wurde viel geguckt und wenig geholfen. Jetzt ist das anders. An den Badestellen, wo Stufen runter zum See führen, bekommt meine Mutter mit Lotte Hilfe. Auch bei steilen Aufstiegen mit dem Rollstuhl. Im Dorf erwidern winkende Hände Lottes Grüße. Und wenn Lotte die Gaststube betritt, wird sie schon am Eingang von der Bedienung begrüßt.

»Heute Eisbein mit Sauerkraut?«

Meine Mutter hat keine Hemmungen. Sie nimmt Lotte überallhin mit, holt sich Unterstützung, wenn sie alleine nicht klarkommt, und ignoriert irritierte Blicke. Sie reist mit kleinem Gepäck und großem Interesse durch Lottes wundersame Welt. Ich übernehme nur den Shuttle-Service. Diesmal bleiben Kasimir und ich zwei Tage länger. Danach steigen wir auf einen Berg.

Am wichtigsten in den Ferien sind die Mittagspausen. Zumindest für die Großmama. Nach dem Mittagessen zieht sie sich mit Lotte in das Kinderspielzimmer zurück. Kasimir und ich liegen im Nebenzimmer auf dem Bett. Wir lesen, hören Musik oder starren einfach Löcher in die Luft. Wenn ich aus dem Fenster in die Ferne blicke, sehe ich grüne Berge und den grauen Gipfel der Zugspitze. Im Spielzimmer höre ich Lotte. Während Großmama auf dem Sofa liegt und liest, kramt Lotte in einem Spielkorb. Ich weiß genau, was sie interessant findet. Erst sind es die Glöckchen, die klingeln und wieder verstummen. In unterschiedlichen Höhen und Lautstärken. Dann werden Bauklötze sortiert und durch das Zimmer geworfen. Danach krabbelt Lotte den einzelnen Teilen hinterher. Meistens bleibt sie vor dem

Wandspiegel sitzen. Sie beobachtet sich. Wie ihre Hände in die Luft gehen, einen Gegenstand hochhalten und diesen fallen lassen. Ihren ganzen Körper reibt sie mit einer unsichtbaren Creme ein. Auch die Füße werden nicht ausgespart. Mit ihrer Hand streicht sie behutsam die Haare aus dem Gesicht. Gefällt ihr das Spiegelbild?

Dann ist es still.

Ein schleppendes und zitterndes Uh-Uh, Uh, Uh, ist zu hören. Danach Gekicher. Gefolgt von einem regelmäßigen Kui, Kui. Wieder Ruhe. Und dann Koa, Koa, Koa. Lauthals lachen beide.

Ich steige leise aus dem Bett. Kasimir ist in die Geschichte seines Hörspiels abgetaucht. Unbemerkt öffne ich die Tür. Und fühle mich wie in einer anderen Welt. Wie durch einen dichten Nebel blicke ich in das Kinderzimmer. Den Geräuschen nach befinde ich mich in einer Vogelvoliere. Fast kann ich die Käfiggitter sehen. In der Mitte der Voliere erscheint ein Teich, in dem ein Entenpärchen schwimmt. Am Rand watet eine Schafstelze durch das seichte Wasser. Links und rechts scheinen seltsam hohe und schmale Bäume zu stehen. Sie tragen Blätter und gelbe Blüten. Im Wipfel sitzt regungslos ein dicker Vogel mit rundem Kopf und braun geflecktem Gefieder. Seine dunklen Augen starren mich an. Ich bemerke, dass ich gerne mal einen Waldkauz aus nächster Nähe sehen möchte. In meiner Kindheit haben mir die abendlichen Rufe Angst gemacht. Der Vogelstimme nach läuft am Stamm des anderen Baumes ein Klettervogel erst hinaus und dann mit dem Kopf voran wieder hinunter. Tui, Tui, Tui zwitschert der Kleiber. Ein Konzert aus Feldlerchengesang, Kuckucksrufen, turtelnden Tauben und quakenden Teichhühnern. Amsel, Drossel, Fink und Star.

Ich kneife mich in meinen Arm. Dann noch fester. Großmama und Lotte hocken gemeinsam auf dem Fußboden.

Vor ihnen liegt eine Holzkiste. Lotte hält nacheinander Vogelpfeifen in die Höhe und reicht sie Großmama. Diese setzt das Mundstück an die Lippen und imitiert damit unterschiedliche Vogelstimmen. Dazu erzählt sie kleine Geschichten und macht Bewegungen, als ob sie gleich losfliegen würde. Vor einigen Jahren hat Lotte die Kiste mit den Pfeifen zu Weihnachten geschenkt bekommen. Über die Geschenke von Großmama freut sich Lotte. Denn Großmama weiß, was ihr Spaß macht. Und vor allem spielt sie stundelang mit ihrer Enkeltochter.

Manchmal heißt das Spiel »Besuche im Krankenhaus«. Dann klopft sie so lange an Lottes Zimmertür, bis von innen ein »Ja« erklingt. Oder sie turnen und tanzen an der Ballettstange, veranstalten Kirschkernweitspucken hinterm Sommerflieder und gehen Kühe und Kälbchen zählen.

»Noch mal«, sagt Lotte, als die Gartengrasmücke ertönt.

»Jetzt bist du dran«, sagt Großmama und hält Lotte die Holzpfeife hin.

Ein zischendes Geräusch. Und statt Tönen tropft Spucke heraus.

»Nicht schlimm.« Großmama zieht ein weißes Stofftaschentuch aus ihrer Hosentasche. Sie trocknet die Vogelpfeife. »Spucke schlucken«, sagt sie.

Lotte nimmt die Pfeife in ihre linke Hand. Küsst sie und steckt sie in ihren Mund.

»Nicht so tief«, erklärt Großmama. »Und nicht zu stark pusten«, ergänzt sie.

Es blubbert ein wenig. Lotte lacht. Sie versucht es erneut. Ich schließe vorsichtig die Tür zum Spielzimmer. Und schleiche mich zurück in das Bett. Kasimir atmet langsam und tief. Die würzige Bergluft macht uns alle müde. Fast alle. Aus dem Nebenzimmer dringt eine klangvolle Melodie zu mir. Ich drehe mich um. Und beginne sofort zu träumen.

10

Die morgendliche Dämmerung hing noch in den Straßen. Unsere Balkontüren waren geöffnet. Die Blätter der Rosskastanie im Hinterhof waren seit Wochen welk. Ein zeterndes Amselpärchen saß auf der Satellitenschüssel des Nachbarhauses. Sebastian kniete auf dem Küchenboden. Er zog seiner Tochter die Orthesen an.

»Woher kommt denn der Sand zwischen deinen Zehen?«, fragte er Lotte.

»Wahrscheinlich von der Ergotherapie«, antwortete ich. »Auf dem Spielplatz ist sie jedenfalls nicht gewesen.«

»Oder aus der Mongolei«, ergänzte Kasimir.

Warum nicht, dachte ich. Der feine Dünensand tauchte immer wieder in unseren Hosentaschen und Rucksäcken auf. Vielleicht auch in Lottes Socken.

Wir brachten Kasimir in die Schule und fuhren dann mit Lotte ins Krankenhaus – in ihr Geburtskrankenhaus. Es hatte mich viel Überwindung gekostet, an diesen Ort zurückzukehren. Hier saßen angeblich die qualifizierten Ärzte für Lottes anstehende Hüftoperation. Wegen der Spastik bestand die Gefahr einer Luxation der Hüftgelenke. Das würde bedeuten, dass sich der Gelenkkopf außerhalb der Gelenkpfanne befindet. Die geplante Operation sollte die damit verbundenen Komplikationen verhindern. Gleichzeitig, so hieß es von Fachseite, würde sich die operative Wiederherstellung der physiologischen Stellung von Lottes Hüften positiv auf ihre Aufrichtung auswirken. Wir hatten den Zeitpunkt auswählen dürfen, möglichst bald war uns aber geraten worden. Wir hatten kein Orakel befragt, sondern uns von dem Wunsch nach Normalität leiten lassen. Wie ein Schluckauf überraschte mich diese Sehnsucht immer wieder. Vielleicht würde Lotte doch noch laufen lernen?

Wir erreichten die Gebäude des Klinikums. Auch die ersten Sonnenstrahlen erhellten meine Gedanken nicht.

Um die Geburtsklinik machten wir einen Bogen und liefen an einem ungewöhnlich großen Baum vorbei. Es war Herbst. Einige Blätter fielen zu Boden.

Lotte begann zu brüllen. Wahrscheinlich, weil sie Angst hatte. Ich zumindest hatte Sorge. Seit Wochen sprachen wir mit Lotte über die Operation. Ob sie wirklich verstand, was gleich geschehen würde, wusste ich nicht.

Nach dem Beruhigungssaft lächelte sie. Lotte lag auf der Station der Kinderchirurgie. Ihr Lächeln verschwand erst, als wir uns an der Schleuse zum Operationssaal verabschieden mussten. Und dann folgten Stunden des Wartens auf einem grauen Flur. Das grelle Neonlicht stach in meine Augen. Der Krankenhausgeruch widerte mich an. Ob sich Doktor Möhring noch an uns erinnerte? An die besondere Nacht, als Lotte zehn Jahre zuvor auf die Welt kam? In welche Welt eigentlich?

Bis zur Reise in die Mongolei hatte ich gedacht, Lotte müsse in die Welt hineinpassen, hineinwachsen oder ein bisschen hineingequetscht werden, in der ich lebte. In die normale Welt, wenn es die überhaupt gab. Lotte sollte sich auffallend unauffällig verhalten, gesellschaftskonform sein. Manchmal funktionierte das tatsächlich. Aber nur, wenn wir Situationen hundertfach üben konnten. Zum Beispiel ging Lotte mittlerweile zur Kinderärztin, ohne sich in ihre Arme zu beißen. Selbst Blutabnahmen und Zahnarzttermine funktionierten. Das Warten bei der Sicherheitskontrolle am Flughafen klappte noch nicht, denn das Fliegen konnten wir nicht in regelmäßigen Zeitabständen wiederholen.

Durch die Mongolei-Reise hatte ich gelernt, mich in Lottes Welt wohler zu fühlen. Das Direkte, Repetitive und Vehemente gefiel mir. Manchmal aßen wir gemeinsam auf dem Fußboden sitzend mit den Händen. Ich rannte mit klackernden Schuhsohlen neben ihrem Rollstuhl her, fuhr stundenlang im gläsernen Fahrstuhl hoch und runter. Nicht um die Aussicht zu genießen, sondern um die ein- und aussteigenden Menschen zu beobachten. Auch Rampen vor Hotels machten uns Spaß. Dort rollte Lotte mit hoher Geschwindigkeit in meine Arme. Und das immer wieder. Wir lebten lauthals, während die anderen stumm an uns vorbeigingen.

Als Lotte nach der Vollnarkose ihre Augen öffnete, sagte sie nur ein Wort: »Aua.«

Die lärmenden Geräte auf der Aufwachstation irritierten mich. Lottes Gesichtsfarbe war gespenstisch blass. Zum Glück bohrte sich kein Schlauch gewaltsam durch ihr Nasenloch, diesmal nur in ihren Handrücken. Meine Erinnerungen hingen wie klebrige Fliegenfallen von der Decke. Permanent blieb ich an ihnen hängen.

Nachts legte ich mich zu Lotte ins Bett. Das war für uns beide gemütlicher. Aus meiner kistenartigen Schlafmöglichkeit konnte ich vom Fußboden aus noch nicht mal ihre Hand streicheln. Die ganze Nacht lang brüllten in unserem Zimmer frisch operierte Babys. Lotte lag in meinem Arm. Ich schloss die Augen und dachte an die Stille der Mongolei, die knisternden Lagerfeuer am Abend und an den Sonnenuntergang in der Wüste. Ich hatte das Gefühl, auch Lotte träumte gerade von unserer Reise.

Als wir das Krankenhaus wieder verlassen durften, konnte sich Lotte zu Hause nicht alleine drehen oder aufrichten. Und vor allem konnte sie weder schlafen noch lächeln.

Auch das Essen machte ihr keinen Spaß mehr. Jetzt saßen wir tage- und nächtelang neben ihrem Bett. Darauf waren wir nicht vorbereitet gewesen. Niemand hatte mit uns geredet. Keiner hatte uns im Vorfeld erklärt, welche Komplikationen nach der Operation auf uns zukommen könnten.

Nur die Krankenkasse nahm Kontakt mit uns auf.

»Leider müssen wir die beantragten Reha-Maßnahmen ablehnen«, sagte die Sachbearbeiterin in sachlichem Ton zu mir. »Bei der Schwere der Behinderung Ihrer Tochter besteht keine Aussicht auf Besserung.«

»Was?«, brüllte ich in die Leitung.

»Leg auf«, sagte Kasimir und klammerte sich an meine Beine.

Die Sachbearbeiterin der Krankenkasse entschuldigte sich. Dies sei nicht ihre persönliche Entscheidung. Die kurzfristige Absage täte ihr leid. Sie wünschte meiner Tochter gute Genesung. Und auch mir alles Gute für diese schwierige Zeit. Ich warf den Telefonhörer in die Ecke. Und meine Wut am liebsten gleich hinterher. Aber so einfach wurde ich meinen Ärger nicht los. Diesmal brüllte ich lauter als Lotte.

Sebastian forderte den Operationsbericht und ärztliche Gutachten an. Letztendlich war keine Behinderung zu schwer, um Anspruch auf eine postoperative Rehabilitation zu haben. Kurze Zeit später bewilligte die Krankenkasse unseren Antrag. Nicht die geforderten zwei, sondern jetzt vier Wochen. Sollten wir die gesamten vier Wochen nicht umsetzen, würde unser Anspruch auf weitere Reha-Maßnahmen entfallen.

Lottes Zustand verbesserte sich durch die täglichen heiltherapeutischen Anwendungen.

Mich macht das Gesundheitssystem krank, denn es beruht auf permanentem Misstrauen. Ständig besucht uns der

Medizinische Dienst der Krankenversicherung. Nein, nicht zur Beratung, sondern zur Verifizierung, ob Lotte wirklich einen Rollstuhl benötigt, ob sie tatsächlich aus ihrem Therapiestuhl rausgewachsen ist und ob wir nicht auch ohne eine Badeliege mit der Pflege zurechtkommen. Immer wieder aufs Neue erläutere ich meine Beweggründe für die Anträge. Der medizinische Begutachter stellt Grundsatzfragen. Abgründe tun sich auf. Lotte hat Anspruch auf einen Rollstuhl, aber nicht auf einen Waldspaziergang. Die Zurüstung eines stabilen Vorderrades müssen wir selbst zahlen. Lotte hat Anspruch auf ein Treppensteiggerät, aber nicht auf eins, das ich mit meinen vorhandenen Kräften benutzen kann. Lotte hat keinen Anspruch auf einen leichten Rollstuhl, sondern nur auf schwere Modelle, die wir kaum in den Kofferraum gehoben bekommen. Paradoxerweise hat sie keinen Anspruch auf einen neuen Computer zur Verbesserung der Kommunikation, sondern nur auf ein Software-Programm, das sich auf ihrem alten nicht installieren lässt. Wir müssen jedes Mal juristischen Einspruch erheben. Manche Anträge werden erst dann bewilligt, wenn sich Lottes Größe und Bedürfnisse bereits verändert haben.

»Wir kennen uns ja bereits«, sagt der Gutachter des Medizinischen Dienstes der Krankenkassen, wenn er in die Wohnung tritt.

»Ihre Schuhe können Sie anlassen«, sage ich jedes Mal.

Er zieht sie aus. Seine schwarze Lederjacke lässt er hingegen an. Egal bei welchen Temperaturen.

»Sie kennen die Fragen schon«, sagt er, während er mir am Esstisch gegenübersitzt. Der Gutachter entschuldigt sich für seine immer gleichen Fragen.

»Trotzdem muss ich sie Ihnen stellen«, murmelt er in seinen Aktenkoffer hinein. Papiere werden daraus hervorgezogen.

Er macht Kreuze und Häkchen auf seiner Liste. Manchmal guckt er kurz über seinen Brillenrand. Dann begutachtet er Lotte, misst Bein- oder Armlängen. Selten auch die gesamte Körperlänge. Wir verabschieden uns mit einem Händedruck.

»Nicht, dass ich meine Schuhe vergesse«, sagt er, während er in weißen Socken schon vor der Tür steht. Sein Lachen hallt durchs Treppenhaus.

»Bis zum nächsten Mal«, sage ich und versuche wenigstens zu lächeln.

Vielleicht bin auch ich eine Marionette im System unserer Gesundheit. An manchen Tagen spiele ich das trostlose Spiel mit. Geübt rechtfertige ich mich für Lottes besondere Bedarfe. Missachte gekonnt den Augenniederschlag des Beraters, wenn ich von ihren und unseren Einschränkungen erzähle. Grinse verlegen über die immer gleichen Witze. Und versuche durch den Mund zu atmen. Kaum ist der Berater weg, lüfte ich das Zimmer.

Was stellen sich die Mitarbeitenden des Medizinischen Dienstes der Krankenkassen vor? Vielleicht, dass ich nach den Besuchen Lotte zu ihrer gekonnten Inszenierung gratuliere? Und den Rollstuhl zurück in die Geheimkammer schiebe, in der sich bereits mannigfaltige ungenutzte Hilfsmittel stapeln? Ist es das, was der Berater denkt, wenn sein Blick still und heimlich durch die Wohnung gleitet?

Es macht definitiv keinen Spaß, auf diese Hilfen angewiesen zu sein. Und ja, manchmal kommt es vor, dass wir ein Hilfsmittel beantragen und erst nach der Anschaffung bemerken, dass es für Lotte nicht stimmig ist. Zum Beispiel ein Pflegebett mit verschließbaren Türen. Wir dachten, diese Maßnahme könnte Ruhe in unsere Nächte bringen. Aber Lotte konnte das Eingeschlossensein nicht ertragen. Wir mussten es zurückgeben.

»Wenn Sie das Bett von der Krankenkasse abholen lassen, haben Sie später keinen weiteren Anspruch auf ein Pflegebett in dieser Form«, sagte die Mitarbeiterin der Krankenkasse spröde am Telefon.

»Wir haben aber keinen Platz, dieses Monstrum für Eventualitäten zu lagern«, erklärte ich.

»Das ist Ihre Entscheidung«, sagte die Frau.

Zum Glück brauchen wir bis heute das Pflegebett nicht zurück. Und sollte uns dieser Umstand eines Tages doch ereilen, legen wir Einspruch ein, fechten die Ablehnung an und belegen immer und immer wieder unseren Bedarf. Eine gewisse Routine bleibt nicht aus.

Entgegen der Prognosen konnte Lotte auch nach der Reha ihre Beine nicht mehr in dem Maße benutzen wie vor der Operation. Sie wollte sie nicht mehr strecken und kein Gewicht auf die Füße übernehmen. Bei Transfers aus und in den Rollstuhl half sie kaum noch mit. Lotte ließ sich hängen. Kopfüber aus dem Rollstuhl. Ihr Rumpf war instabil. Wie ein Muster schien ihr Körper den postoperativen Schmerz für Jahre zu speichern. Vor dem orthopädisch-chirurgischen Eingriff konnte sie ein paar unsichere Schritte mit einem Rollator gehen. Danach stolperte sie über ihre neue Beinstellung. Die Krankenkasse wollte den beantragten Stehständer für Lotte nicht bewilligen. Wer einen Rollator besitze und damit laufen könne, müsse nicht therapeutisch stehen … und so weiter.

Da stand ich nun mit meiner Entscheidung. War es die richtige gewesen? Oder wieder eine von diesen Ich-muss-Lotte-passend-machen-Entscheidungen? Hatten wir uns ausreichend im Vorfeld beraten oder uns von fachlichen Meinungen fehlleiten lassen? Konnte ich überhaupt den richtigen Weg finden?

Lotte lernte auch nach der Operation nicht laufen. Früher hatte ich regelmäßig geträumt, dass Lotte in mein Zimmer gerannt kam und mit mir sprach. Ich suchte hektisch andere Menschen, die mir bestätigen konnten, dass meine Tochter gar keine Behinderung hat. Aber ich fand niemanden. Heute habe ich andere Träume. Zum Beispiel, dass Lotte eines Tages bei den Special Olympics mitmacht. Nach der Hüftoperation verbesserte Lotte ihre Technik im Rollstuhlfahren. Ecken und Schwellen störten sie nicht mehr. Schwungvoll nahm sie Kurven oder rammte so lange gegen Vorsprünge und Möbel, bis der Weg frei war. Von den Sportfesten aus der Schule brachte sie Goldmedaillen mit nach Hause. Vielleicht musste Lotte gar nicht laufen lernen? Fühlte sie sich sogar wohl in ihrem Rollstuhl?

Warum wir nicht erst nach der Operation in die Mongolei gereist seien, wurde ich häufiger gefragt. Jetzt müssten wir ja wieder von vorne anfangen. Die schlaflosen Nächte, das schmerzverzerrte Gesicht unserer Tochter, die Auseinandersetzungen mit der Krankenkasse und die wochenlange Reha, all das zu schaffen wäre für mich vor der Reise in die Mongolei undenkbar gewesen. Ohne diese Erfahrung hätte ich wahrscheinlich kapituliert, vielleicht sogar kleinlaut dem Drängen des Jugendamts zugestimmt. Aber ich musste nicht wieder ganz vorne beginnen. Ich fühlte mich stärker. Und anders.

11

Die Möwen kreischen. Im weiß-grauen Federkleid jagen sie über das Wasser. Oder hintereinander her. Ihre Schreie erinnern mich an Ferien. Die schlechten Nächte, der zähe Morgen, die gekürzten Einzelfallhilfestunden – all das verweht, wenn ich auf dem Weg zur Arbeit auf der Brücke stehe. Ich schwimme nicht gegen den Strom, sondern betrachte das Fließen der Spree. Rechts von mir befindet sich der Familienalltag und links das Büro. Ich stehe irgendwo zwischen diesen zwei Welten und beobachte das Treiben. Viele Menschen eilen an mir vorbei. Alle haben ein Leben. Und ich weiß nicht, welches. Mir sieht man das meinige auch nicht an. Gerade bin ich einfach mal nur ich.

Bis zu Lottes Geburt hatte ich als Physiotherapeutin in einer Kinderpraxis gearbeitet und gleichzeitig Philosophie und deutsche Literatur studiert. Die Kombination aus Praxis und Theorie hatte mir gefallen. Lottes Behinderung veränderte meinen beruflichen Weg. Früher hatte ich davon geträumt, in anderen Ländern Projekte zu koordinieren und Entwicklungshilfe zu leisten. Heute war ich längst aufgewacht. Ich beschloss, dass sich auch mein berufliches Wirken auf Lottes Entwicklung positiv auswirken sollte. Deswegen verschob ich den Abschluss meines geisteswissenschaftlichen Studiums auf eine spätere Lebensphase. Meine Energie steckte ich in Weiterbildungen. Ich wollte nicht nur als Mutter, sondern auch als Physiotherapeutin meiner Tochter bestmöglich helfen. Als Lotte ein Jahr alt war, ließ ich mich zur Vojta-Therapeutin ausbilden. Ich begann, in einem Sozialpädiatrischen Zentrum zu arbeiten. Seit meiner Kindheit will ich sozial, sozial engagiert, sozial eingebunden sein. Anderen zu helfen, die ähnliche Wege durch das Labyrinth des Lebens zu gehen haben, das gab mir am Anfang Kraft.

Eine Möwe landet direkt neben meinem aufgestützten Ellenbogen auf dem Brückengeländer. Sie schaut mich herausfordernd an. Mit ihrem Schnabel pickt sie nach Moosresten und Dreck.

»Hast du Hunger?«, frage ich den Vogel.

Ohne eine Antwort zu erhalten, packe ich mein Käsebrot aus dem Rucksack. Ein Stückchen werde ich entbehren können, denke ich. Die Möwe nimmt die Krume und fliegt davon. Eine weitere landet neben mir. Und dann bin ich umringt von dem Gekreische der Vögel. Mein Brot ist im Nu aufgefressen. Die Möwen fliegen davon.

Als Kasimir ein Jahr alt wurde und ebenfalls eine Kita besuchte, verstaute ich meine Arbeit als Physiotherapeutin mottendicht verpackt im Keller. Beruflich brauchte ich eine andere Herausforderung als das, was ich zu Hause schon leisten musste. Nach einer vierjährigen Pause ging ich zurück an die Uni. Bis heute habe ich die Therapeuten-Kiste nicht wieder geöffnet. Was nicht bedeutet, dass ich nicht irgendwann doch noch mal einen Blick hinein wagen werde.

Nach dem Abschluss meines geisteswissenschaftlichen Studiums hatte ich keinen Geistesblitz. Der Uni-Alltag ließ sich trotz Kinder gut organisieren. Ich hatte verhandelt, Klausuren verschoben und Hausarbeiten verspätet abgeben dürfen. Irgendwie war das möglich. Es gab gute Gründe und verständnisvolle Professorinnen.

Danach stand ich auf dem Arbeitsmarkt und griff zögerlich in die Regale. Ich wusste nicht, wie ein fester Job in mein Leben passen könnte. Zuerst waren es Praktika. Danach Projekte. Bis zu Lottes Hüftoperation hatte ich versucht, mich selbstständig als Projektmanagerin im sozialen Bereich über Wasser zu halten. Das war mir nicht geglückt. Mein soziales Engagement wurde zu Hause benötigt. Lottes Zustand zwang mich, meine Arbeit wochenlang pausieren zu lassen. Ein bisschen auch das Jugendamt.

»Einzelfallhilfen dürfen keine häusliche Pflege und keine Arzt- und Therapietermine übernehmen«, hatte mir Frau Hendriks erklärt. Unsere desolate Situation sollten wir anders in den Griff bekommen.

»Gibt es keine Großeltern?«, fragte sie.

»Doch, zwei Großmütter. Aber die leben nicht in Berlin«, erklärte ich.

»Das hätten Sie besser organisieren müssen«, sagte die Fallmanagerin.

»Darauf waren wir nicht vorbereitet«, erwiderte ich.

Auf Sebastians Schreibtisch türmten sich Akten. Jeden Tag ging er ins Büro. Ganz schön ungerecht, dachte ich manchmal. Selbst dran schuld, an anderen Tagen. Mir gefiel die Rolle der gestressten und schlecht gelaunten Mutter nicht. Mein heimlicher Groll war zu einer zeternden Hünin angeschwollen. Ich wollte mehr von meinem Alltag als Organisation und Pflege. Vor allem endlich auch mal wieder ich selbst sein.

Ich beuge mich über das Geländer und spucke ins Wasser. Die Spucke verschwindet unter der Brücke. Eine Möwe folgt ihr. Sie scheint meinen Speichel mit etwas Essbarem zu verwechseln. Neben mir nimmt eine Frau Platz. Sie hat sich einen Hocker mitgebracht. Ihr Gesicht wird von einem bunten Kopftuch umrandet. Vor ihr steht ein aufgeklappter Koffer. Sie blickt mich an. Ich lächle ihr zu. Dann ziehen ihre Finger das rote Akkordeon auseinander. Als sie es zusammendrückt, beginnt das Instrument zu klingen. Ich kenne das Stück. Sie spielt es fast jeden Morgen.

Fast vier Jahre arbeitete ich ehrenamtlich und dann hauptamtlich für eine Stiftung im Bildungsbereich. Der geregelte Arbeitsalltag gefiel mir. Nicht nur, weil ich stets Geld auf mein Konto überwiesen bekam, sondern vor allem, weil ich mich unter der Woche mit Kolleginnen und Kollegen über andere Themen als Inkontinenz, verminderte Intelligenz und Hilfskonferenz unterhalten konnte. Ich löste mich von meiner eigenen kleinen Welt. Meine Gedanken kreisten nun auch um andere Planeten.

Auf Geschäftsreisen lernte ich durchzuschlafen und bei Vorträgen, nicht einzuschlafen. Ich war nicht mehr die mit dem behinderten Kind, sondern eine von vielen. Und wenn ich mich am Rande über meine Familie, die Kinder und den Alltag unterhielt, dann sagte ich ähnliche Dinge wie andere Mütter und Väter: *Im Büro habe ich endlich mal Ruhe.*

Auf Veranstaltungen antwortete ich nicht immer wahrheitsgemäß, wenn ich auf meine Kinder angesprochen wurde. Nicht, weil ich die anderen vor meiner Realität und ihren eigenen Reaktionen verschonen wollte, sondern mich vor weiteren Fragen und Anmerkungen. Diese Auszeiten waren mir wichtig. Manchmal wollte ich in Ruhe Mittag essen, ohne andere zu füttern, vor allem nicht mit meinen Themen.

Natürlich sprach ich im Büro über die Behinderung meiner Tochter. Es gab Zwischenfälle. Andere Eltern haben auch kranke Kinder und schlechte Nächte.

»Das ist bei uns gar nicht so anders«, hörte ich.

Das stimmte in vielen Fällen. Und trotzdem schien meine Präsenz zu Hause dauerhaft gefordert zu sein. Das war der Tunnel, an dessen Ende ich selbst eine Laterne aufhängen musste.

Die neue Arbeit gab mir ein anderes Lebensgefühl. Zumindest solange keine kleineren oder größeren Katastrophen geschahen. Wenn die Erde bebte, dann wackelten bei uns zu Hause die Wände. Wer verzichtete wann auf was? Und vor allem, wer durfte weiterarbeiten, wenn Lotte längere Zeit zu Hause bleiben musste? Dann kamen mir die Worte der älteren Dame aus dem Museum in den Sinn. Ich wollte meiner Tochter so viel Liebe geben, wie ich konnte. Und manchmal konnte ich nicht mehr. Dann wünschte ich mir ein Leben jenseits von Sorge und Pflege.

Die Möwen kreischen. Etwas Interessantes scheint vom Boot ins Wasser gekippt zu werden. Sie streiten sich um die größten Stücke.

Ich setze meinen Rucksack auf, schiebe mein Fahrrad über die Brücke und summe das Akkordeonlied mit. Es ist acht Uhr dreißig. Der Wind peitscht mir Regen ins Gesicht. Manchmal gefällt mir die Erfrischung. Mein Handy klingelt. Ich spreche mit Lottes Klassenlehrerin.

»Nichts Schlimmes«, sagt sie. »Ich glaube, nur ein Schwächeanfall. Es wäre besser, Sie würden kurz in die Schule kommen.«

Ich wechsle die Richtung zurück nach rechts und überquere erneut die Brücke. Gar nicht so einfach, im Einklang mit meinen eigenen, Sebastians und den Bedürfnissen meiner Kinder zu leben. Das sind viele Begehrlichkeiten, die in einen Sack passen müssen. Manchmal atmet der Sack tief ein. Und manchmal platzt alles auseinander.

Bomm Bomm Tschika

Bomm bomm tschika tschika esch kalibenda.
Bomm bomm tschika tschika esch kalibenda.
Balu ruschi balu ruschi esch kalibenda.
Balu ruschi balu ruschi esch kalibenda.
Hevada va da hevada.
Hevada va da hevada.

– Wir Kinder vom Kleistpark, Nonsensvers

Viele Menschen sagen mir, sie könnten mein lautes Leben nicht aushalten. Immer wieder ist es ein Thema, warum ich unbedingt will, dass Lotte bei uns zu Hause wohnt.

»Ihr gebt eure Kinder doch auch nicht weg, wenn sie sich anders entwickeln als erwartet«, erwidere ich. »Ich werde Lotte nie in ein Pflegeheim schicken«, sage ich und wehre mich so lange gegen die gut gemeinten Zumutungen, bis sich eine künstliche Stille über dieses Thema legt.

Eines Tages bekomme ich einen Tipp. Mir wird ein Treffen mit einem Pädagogen empfohlen, der eine Einrichtung für Menschen mit Behinderung leitet. Er habe Erfahrung mit schwierigen Kindern. Und vielleicht eine Menge guter Vorschläge für mich. Ich brauche Austausch über Lottes Schreien, eine Idee für den Umgang damit.

Also treffe ich den Pädagogen im Park. Mir ist klar, dass ein Gespräch zu Hause mit beiden Kindern nicht möglich ist. Draußen kann Kasimir toben. Lotte gefällt es, laufende und rennende Menschen zu beobachten. Der Pädagoge begrüßt weder Lotte noch Kasimir, aber zumindest mich. Er setzt sich auf eine Bank. Jede meiner Bewegungen scheint er zu beobachten. Damit wir ungestört reden können, stelle ich Lotte in ihrem Wagen ein paar Meter neben uns möglichst nah an eine Gruppe hüpfender Kinder. Kasimir begibt sich mit seinem roten Ball auf Erkundungstour.

Ich setze mich ebenfalls auf die Bank. Der Pädagoge nimmt seine Schiebermütze aus Jeans ab, faltet die Hände und holt theatralisch tief Luft. Jetzt kommt die Lösung, denke ich einigermaßen euphorisch.

»Du bist zu schwach für deine Tochter.«

Laut scheppernd zerbricht die Hoffnung in meinem Kopf.

»Lotte sollte in ein Heim. Anders wirst du die Situation nicht in den Griff bekommen.«

Diese Worte passen nicht zu seinem Lächeln. Der Schmerz zieht sich an meinen Hosenbeinen hoch. Ich trete ihn weg.

»Wieso bin ich zu schwach für meine Tochter?«, frage ich. Lotte beginnt zu brüllen. Die spielenden Kinder sind zu einer anderen Stelle im Park gerannt. Lotte kann ihnen alleine nicht folgen. Kasimir kommt ohne seinen Ball zurück. Auch er weint. Ich versuche, beide Kinder wieder glücklich zu machen. Erstaunlicherweise gelingt mir das heute.

»Das Verhalten deiner Tochter zeigt, dass du deiner Aufgabe nicht gewachsen bist.«

Wieder spüre ich den Zug an meinen Hosenbeinen. Erneut will ich den brennenden Schmerz nicht zulassen.

»Ich habe das Gefühl, stark und ausdauernd zu sein«, erwidere ich. »Dass das Leben mit Lotte nicht einfach ist, habe ich bereits gemerkt. Aber dass es unmöglich sein soll, kann ich mir nicht vorstellen.« Meine Stimme zittert wie eine Motte in der Klebefalle.

»Du täuschst dich. Du hast Angst vorm Loslassen.« Der Pädagoge lächelt unverschämt selbstüberzeugt. »Den meisten behinderten Kindern geht es in einer Einrichtung besser als zu Hause. Gestresste Eltern behindern die Ent-

faltung ihres behinderten Kindes. Ich finde dein Verhalten egoistisch.« Genüsslich lehnt sich der Pädagoge nach hinten. Wahrscheinlich erwartet er eine angemessene Antwort von mir. Eine Zustimmung. Dankbarkeit für seine Offenheit.

Gegen die Invasion meiner Gefühle komme ich nicht mehr an. Meinen Mund kann ich nicht öffnen. Die Schluchzer und Seufzer wären zu mächtig gewesen.

»Denk darüber nach. Wenn du mich brauchst, ruf mich an.«

Der Pädagoge geht. Jetzt sitze ich alleine auf der Bank. Vor mir spielen meine Kinder. Kasimir wirft Lotte den roten Ball zu. Und Lotte fängt. Beide lachen. Die Schiebermütze aus Jeans liegt noch neben mir. Wochen später schleudere ich sie in den Altkleidercontainer.

12

Schlafen«, rufe ich harsch in Richtung Lottes Zimmer. Seit einer Stunde quält sie sich. Und auch mich.

»Vielleicht ist sie einfach nicht müde«, sagt Kasimir. Er liegt in seinem Bett und liest.

»Ich will aber, dass sie schläft«, sage ich, »denn ich bin müde.«

Es ist neun Uhr abends. Alle Vögel schweigen. Und ich würde gerne Zeitung lesen oder in ein Buch gucken. Diese Zeit will mir Lotte aber gerade nicht geben. Sie stürzt sich brüllend kopfüber aus dem Bett und kommt zu mir ins Wohnzimmer gekrabbelt. Ich trage sie zurück in ihr Bett und erkläre ihr erneut, dass jetzt Schlafenszeit ist. Und ich eine Auszeit brauche. Das machen wir noch ziemlich lange so weiter. Um 23 Uhr ist Lotte ausreichend müde und schläft ein. Ohne eine Zeile gelesen zu haben, tue ich dasselbe ein paar Minuten später. Kasimir hat sich bereits vor einiger Zeit die Decke über den Kopf gezogen.

Einmal im Monat kommt abends Frau Doktorin Gutbrink, eine Kinder- und Jugendpsychiaterin, zu uns nach Hause. Bei Bedarf auch häufiger. Dann sitzen wir gemeinsam am Küchentisch, manchmal beim Abendessen, und berichten noch leise kauend über unser Leben. Sebastian bleibt an diesen Tagen häufig länger im Büro. Er mag die Themen rund um Lottes Schlaf nicht. Wenn ich mich darum kümmere, ist er froh.

Kasimir erzählt der Ärztin ausführlich von meinen Fehltritten, meiner schlechten Laune und von meiner Ungeduld. Seine eigenen Eskapaden erwähnt er am Rande, weniger ausgeschmückt. Kasimir hat viele Ideen, macht gute Vorschläge für Veränderungen und hat ein feines Gespür für Lottes Bedürfnisse. Während Kasimir redet, sitzt Lotte zappelnd auf ihrem Stuhl. Sie klatscht in die Hände, und weil niemand reagiert, lässt sie sich langsam auf den Boden runter. Dann pirscht sie sich krabbelnd von hinten an den Stuhl der Ärztin heran. Sie zieht sich an der Stuhllehne in den Stand und steht wackelig auf ihren eingeknickten Füßen. Ohne Vorwarnung greift ihre linke Hand in die dicken, langen Haare. Lotte kreischt vor Freude, als aus ihrer fest verschlossenen Faust Haarsträhnen herausquellen. Geduldig und etwas schmerzverzerrt versucht die Psychiaterin ihre Haare zu retten.

»Lotte, lass das«, sage ich streng. Die Übergriffe meiner Tochter sind mir peinlich. Meine Ermahnungen bringen Lotte zum Lachen.

»Ich kläre das schon«, sagt die Ärztin geduldig. Sie nimmt Lottes Faust in ihre Hand und schaut sie intensiv und schweigend an. So lange, bis Lotte loslässt. Ich selbst habe auch schon häufiger im Stillen die glänzenden Haare bewundert. Ich habe mich aber bis heute nicht getraut, meine Hände ungefragt nach ihnen auszustrecken. Lotte ist anders, vor allem ist sie direkt.

Wenn Frau Doktorin Gutbrink nicht mit Lottes Händen kämpft, hört sie aufmerksam zu, beobachtet uns und gibt wertvolle Anregungen für Veränderungen.

Bei diesen Treffen strenge ich mich an, einem Bild zu entsprechen. Meinem Bild vom Muttersein. Ich wollte immer herzlich, lustig und konsequent sein. Stattdessen bin ich genervt und ungeduldig. Nur selten huscht mir ein kleiner Witz über die Lippen. Zu Hause habe ich eine Überlebensstrategie entwickelt, die sich nach einem permanenten Arschbackenzusammenkneifen anfühlt. Immer wieder heißt es in meinem Kopf: *funktionieren und durchhalten*. Wie von einem Motor angetrieben, arbeite ich mich mit starrem Blick durch das Labyrinth. Es geht bergauf und bergab. Mal biege ich links und mal rechts ab. Mal geht es langsam und mal schneller vorwärts. Ein Ziel ist häufig nicht in Sicht. Aber es geht immer weiter.

Seit den Hausbesuchen der Ärztin hat sich eine Menge geändert. Nicht nur Lottes Verhalten. Auch meine Haltung Lotte und dem Leben gegenüber.

»Ihre Tochter hat einen starken Willen«, bestätigt mir die Kinder- und Jugendpsychiaterin, als wir über ihren allabendlichen Aufstand sprechen. »Lotte will nicht alleine schlafen, und deswegen ist sie wütend.«

Auch Kasimir gesteht, dass er nicht gerne alleine schläft. Regelmäßig kommt er nachts in mein Bett. Manchmal flüstert er mir behutsam seine schlechten Träume ins Ohr: »Die Piraten wollten mich grillen.«

In anderen Nächten fragt er forsch, ob noch ein Platz im Bett frei sei. Ich lüfte die Decke. Er kuschelt sich an.

Kasimirs Verhalten finde ich normal. Es ist nur eine Frage der Zeit, bis er die nächtliche Nähe zu mir nicht mehr brauchen wird. Lottes Verhalten hingegen ärgert mich. Sie kann nachts nicht in mein Bett kommen. Auch dann nicht, wenn sie schlecht geträumt oder Bauchschmerzen hat. Das ist anders. Und deswegen brüllt sie. Aber nicht nur deswegen, sondern hauptsächlich, weil sie will, dass ich bei ihr schlafe. Die ersten Jahre durfte sie aufgrund ihrer Epilepsie mit bei uns im Zimmer, häufig auch mit uns im Bett schlafen. Wir machten uns Sorgen. Lotte braucht viel Körperkontakt. Wenn einer von uns mit ihr in einem Bett schläft, dann, aber auch nur dann, schläft sie die ganze Nacht ohne Unterbrechung durch. Irgendwann wollte ich dieses Spiel nicht mehr mitspielen. Die Gewinnerin stand ja schon fest. Also haben wir uns ein Buch mit dem Titel

Jedes Kind kann schlafen lernen gekauft, gelesen und das Programm umgesetzt. Wir ließen unsere Tochter konsequent schreien. Immer ein Weilchen länger. Jeden Abend waren wir beschäftigt. Telefongespräche nicht mehr möglich. Besuch empfingen wir keinen. Das Prozedere zog sich Wochen, Monate, Jahre hin. Lottes Reaktion entsprach nicht der im Buch beschriebenen. Von wegen jedes Kind kann schlafen. Unseres nicht. Jahrelang haben wir uns mit Nachtschichten abgewechselt. Kapitulationen waren an der Tagesordnung. Gegenseitig warfen wir einander unsere Inkonsequenz vor. Immer wieder verstanden wir das Einknicken des anderen. Die totale Übermüdung ließ uns schwach werden. Früher oder später landeten wir wieder im Bett unserer Tochter. Dann war wenigstens Ruhe.

Das Thema Schlaf zieht sich seit Jahren zäh durch mein Leben. Nach dem schamanischen Trommelwirbel hatte ich einen Knall in unserem Leben erwartet. Ein bisschen hat es dann auch geknattert. Zumindest ein paar Wochen lang konnte Lotte nachts schlafen. Was auch immer der Auslöser dafür gewesen ist. Dieser Zustand hielt genau bis zur Hüftoperation an.

Wenn ich zu wenig Schlaf bekomme, werde ich zur Furie. Ein leises nächtliches Meckern wird schnell mit Urwaldgebrüll meinerseits beantwortet. Die Situation schaukelt sich so lange hoch, bis wir uns alle schreiend und heulend in den Armen liegen. Am Ende verbringen wir eng umschlungen die verbleibende Nacht gemeinsam in einem Bett. Am Morgen danach bin ich mir sicher, dass dies das letzte Mal gewesen ist. Und weiter geht es im Hamsterrad.

Eine Theorie, die von vielen Menschen geteilt wird: Das Verhalten der Kinder ist der Spiegel der eigenen Seele. Lotte spiegelt mir gnadenlos meine Befindlichkeiten zurück. Ein bisschen Anspannung oder ein Anflug von schlechter Laune, und Lotte dreht am Rad. Es liegt also an mir, ob zu Hause gute oder schlechte Stimmung herrscht. Es gibt Tage, an denen will ich nicht daran arbeiten. Arbeiten am Seelenfrieden zu Hause. Sonntags würde ich gerne den ganzen Tag mal nichts tun, wie Kasimir im Schlafanzug abhängen, Musik hören und Löcher in die Luft starren. Stattdessen muss ich Himmel und Erde in Bewegung setzen, damit Lotte zufrieden ist und uns nicht permanent mit ihrem Gebrüll in den Ohren liegt. Das ist harte Arbeit und ganz weit weg vom Faulenzen.

Kasimir begegnet meinen Launen anders.

»Kannst du das auch freundlicher sagen?«, fragt er mich dann. Oder er schließt geräuschvoll seine Tür. So gibt er mir zu verstehen, dass ich ihn mit meinem Gemecker in Ruhe lassen soll. Damit kann ich umgehen.

Ich schaffe einiges, doch Lotte nächtelang brüllen zu lassen, das schaffe ich nicht. Acht Wochen habe ich mit Lotte in einer Klinik für Verhaltenstherapie verbracht. Sie hat geschrien und ich habe meditiert. Das Credo hieß: *Lassen Sie Ihre Tochter brüllen. So lange, bis sie eines Tages aufgeben wird.* Im Bett, in Geschäften, auf der Straße und bei Familienfeiern. In der Klinik störte das niemanden. Das Schreien war Programm. Zu Hause guckten, fragten und kommentierten alle unsere neue Strategie. Trotz morgendlichen autogenen Trainings waren Sebastian und ich unfähig, uns ein dickes Fell wachsen zu lassen. Dieses Vorhaben ließ sich zu Hause nicht umsetzen. Nicht mit Lotte. Noch weniger mit uns.

Frau Gutbrink bringt uns nicht nur gute Ideen nach Hause. Sie bleibt. Manchmal bis tief in die Nacht. Dann, wenn Lotte nicht aufhört zu schreien und wieder kopfüber ihr Bett verlässt. Die Ärztin erklärt, deutet und redet mit uns. Aber vor allem unterstützt sie uns bei der praktischen

Umsetzung. Sie hat starke Nerven. Regelmäßig hilft sie mir, die alltäglichen Situationen Stück für Stück zu verändern. Und tatsächlich, diese Strategie hat positiven Einfluss auf Lottes nächtliche Eskapaden.

»Sprechen Sie mit Ihrer Tochter. Erklären Sie die Situation. Lotte versteht eine Menge. Sagen Sie ihr, dass die Zimmertür genau dann einen Spalt geöffnet bleibt, wenn sie in ihrem Bett liegt.«

»Lotte kann nicht liegen«, redet Kasimir dazwischen. »Sie sitzt immer im Bett.«

»Das stimmt nicht ganz«, sage ich. »Wenn sie richtig müde ist, dann faltet sie sich zu einem Päckchen zusammen.«

»Von mir aus kann Lotte auch erst im Bett sitzen«, sagt die Ärztin. »Wichtig ist, dass sie lernt, dass die Tür nur geöffnet bleibt, wenn sie still ist.«

Das funktioniert. Nicht sofort. Aber erste Anzeichen einer Besserung zeigen sich bereits nach Wochen.

»Und wenn Ihre Tochter partout nicht ins Bett will, vielleicht ist sie dann einfach nicht müde«, sagt die Ärztin, nachdem Lotte immer wieder aus ihrem Zimmer gekrabbelt kommt.

In bestimmten Situationen sind Lottes Reaktionen normal. Aber das erkenne ich nicht immer. Welches Kind bleibt schon still im Bett liegen, ohne müde zu sein? Andere lesen, hören Musik oder spielen heimlich Lego unter der Bettdecke. Das kann Lotte nicht. Und zu allem Überfluss kann sie mir das auch nicht sagen. Manchmal wünsche ich mir, dass Lotte und Kasimir eine ähnliche Kindheit wie ich haben könnten.

»Gute Nacht, Julia«, rief meine jüngere Schwester über den Flur.

»Gute Nacht«, erwiderte ich.

»Schlaf gut«, kam dann wieder zurück.

»Du auch.«

Dann machten wir meistens die Lichter aus. Und wenn uns langweilig war oder wir Angst hatten, krochen wir zur anderen ins Bett.

Die Psychiaterin legt eine Decke neben den Esstisch. Es gibt wenig Menschen, die mit Lotte auf Augenhöhe reden, sie ernst nehmen. Lotte genießt diese Momente. Und wartet jedes Mal geduldig vor der Tür, bis abends endlich die Ärztin bei uns klingelt.

»Du darfst noch länger aufbleiben«, sagt Frau Gutbrink zu Lotte. »Wenn du hier still sitzen bleibst und unser Gespräch nicht störst, dann kannst du noch wach bleiben.«

Lotte lächelt. Und macht es sich auf ihrer Kuscheldecke gemütlich. Sie ist bereits im Schlafanzug. Wir reden. Lotte lauscht. Kein Ton. Nach ein paar Minuten schläft sie ein. Das Gespräch ist ihr dann doch zu langweilig.

Stimme

Auf dem Spielplatz zu sein ist eine Herausforderung. Auch heute noch. Wir sind verabredet. Deswegen scheue ich den Weg dorthin nicht. Die andere Familie hat ebenfalls zwei Kinder, eins davon mit Behinderung. Wir haben uns vor Jahren auf dem Spielplatz kennengelernt. Sogar gemeinsame Ferien glücken. Lotte schiebt sich mürrisch in ihrem Rollstuhl hinter mir her. Kasimir hängt schon auf der Schaukel. Sebastian besorgt Kaffee. Die Blicke sind uns sicher. Auch das andere Kind ist auffällig. Nicht vom Aussehen. Nur das Verhalten ist ein bisschen anders.

»Das ist nicht mein Kind«, sagt meine Freundin und verdreht lachend die Augen. »Das ist das Leben. Damit müssen die anderen zurechtkommen.«

Ihr Sohn wirft mit Sand. Dann landet er selbst auf dem Boden und strampelt wie ein Käfer mit Armen und Beinen. Als er sich auf den Bauch dreht und sich mit beiden Händen den Sand in den Mund schaufelt, schauen viele Kinder erstaunt zu.

»Hallo, Lotte«, ruft der Mann meiner Freundin.

Lotte streckt bereits die Arme aus. Die beiden mögen sich.

»Wann schreibst du mir eine E-Mail?«, fragt er sie. »Ich gucke täglich in mein Postfach.«

Lotte grinst.

»Da müssen wir ihr wohl ein Mailkonto einrichten«, sagt Sebastian scherzhaft. Er hält zwei dampfende Pappbecher in den Händen.

»Vielleicht wartet sie auch auf eine Nachricht von dir?«, frage ich.

Lotte zupft an seinem T-Shirt. Der Freund beugt sich runter. Sofort landet seine Brille im Dreck.

»Nicht schlimm«, sagt er.

»Hör auf«, sage ich.

Die Kinder im Sand brüllen. Einer wütet immer noch. Kasimir übernimmt das Wort.

»Mein Freund hat eine Behinderung«, erklärt er einer älteren Frau mit strengem Blick.

»Was hat er denn?«, fragt sie schon mit sichtbar milderem Ausdruck.

»Das Katzenschrei-Syndrom«, erläutert Kasimir.

»Oje, das ist schlimm«, sagt sie mitleidsvoll.

»Meine Schwester hat auch eine Behinderung.« Kasimir zeigt auf Lotte.

Und dann entgleiten ihr die Gesichtszüge. So viel Leid scheint sie lange nicht gesehen zu haben. Lotte lacht. Der andere Junge auch.

»Das arme, arme Mädchen«, sagt sie, als sie auf uns zugelaufen kommt.

Wir verdrehen alle die Augen. Sebastian geht mit den leeren Kaffeebechern zum Mülleimer.

»Sie haben es nicht leicht. Gleich zwei behinderte Kinder«, sagt die Dame und zeigt auf Lotte.

Das lassen wir so stehen. Warum auch nicht, dieses Leben gibt es auch.

»Ich bin Psychiaterin. Ich kenne mich aus mit Störungen«, erklärt sie. »Spastikerin?« Sie blickt zu Lotte.

Ich nicke. Lotte schiebt ihre Finger in den Mund. Das Gespräch gefällt uns allen nicht. Doch die Frau will nicht aufhören. Sie hockt sich neben den Rollstuhl und gibt eigenartige Geräusche von sich.

»Wau, wau, wuff, wuff, wuff«, kläfft sie in Lottes Ohren.

Kasimir und sein Freund lachen.

»Miau, miau, miau«, macht sie weiter.

»Was soll das?«, frage ich.

»Was ist denn hier los?«, fragt Sebastian, als er zurückkommt.

»Vielleicht gefällt das Ihrer Tochter«, sagt die Psychiaterin selbstbewusst.

Früher war es die Sprachlosigkeit der anderen, die mich verunsichert hat. Heute finde ich keine Worte. Als die Frau wie ein Hahn zu krähen beginnt und mit ihren Fingern in Lottes Arm pickt, sagt Kasimir: »Meine Schwester ist nicht blöd.«

Die Spatzen hopsen um den Müll. Ein leichter Wind kommt auf. Er fährt unter den Umhang der Psychiaterin. Wie ein Huhn flattert sie davon.

13

Es ist ein heißer Frühsommertag, kurz nach Pfingsten. Auf dem Bahnsteig in Karlsruhe werden Gepäck, Verpflegung, Medikamente, Matratzen, Bettdecken und Kopfkissen durch die Fenster in den Zug eingeladen. Es folgen die Pilger. Einige werden auf Spezialstühlen zu ihrem Platz getragen. Andere können laufen. Rollstühle und weitere Hilfsmittel müssen im Gepäckraum verstaut werden. Hundertfünfzig Menschen reisen gemeinsam mit Lotte und mir über zwanzig Stunden in einem Sonderzug nach Lourdes. Sebastian und Kasimir sind in Berlin geblieben. Bestellungen für Heilwasser und Kerzen nehme ich mit.

»Es sind die besonderen Menschen, besondere Begegnungen und viele kleine Wunder, die in Lourdes geschehen«, hatte mir eine Freundin erzählt. »Lourdes verändert das Leben.«

Als sich der Zug in Bewegung setzt, werden weiße Taschentücher aus den Abteilfenstern geschwenkt. Eine Trompete bläst nostalgische Töne in die Welt hinaus. Die ehrenamtlichen Helferinnen und Helfer des Malteser Ordens gewährleisten allen Mitreisenden rund um die Uhr Betreuung und Pflege. Und nicht nur das. Selbstverständlich hilft jede jedem. Während der gesamten Reise findet der Kummer ein offenes Ohr, die Freude einen Menschen zum Mitlachen, und schwache Beine finden Arme zum Stützen.

Insgesamt reisen pro Jahr bis zu sechs Millionen Menschen nach Lourdes. Viele auf der Suche nach Heilung. Ich selbst habe bislang mit Lourdes Souvenirshops und manipulierenden Katholizismus in Verbindung gebracht. Und doch interessiert mich dieser Ort. Dort treffen Menschen aus aller Welt mit und ohne Behinderung zusammen. Dass diese Pilgerstätte bei einigen Menschen grundlegende Veränderungen hervorruft, ist für mich vorstellbar.

In unserem Abteil ist es still. Nur die ratternden Fahrgeräusche schweigen nicht. Der Vorhang hängt bewegungslos neben dem Fenster. Zwei ältere Damen dösen vor sich hin.

Das Besondere während der Zugreise ist die enge Begegnung mit den pilgernden Menschen. Der Intercity verfügt über keine Klimaanlage. Die stehende Hitze lässt die Gerüche von schwitzenden und kranken Menschen zu einem beißenden Gestank anschwellen. Hin und wieder schwebt ein erschöpftes Stöhnen aus den anderen Abteilen an unserer geöffneten Tür vorbei. Vergleiche machen demütig, registriere ich aufs Neue. Lotte sitzt neben mir. Sie lehnt ihren Kopf an die kühle Fensterscheibe. Die Landschaft rauscht an uns vorbei. Und dann kündigt eine knarzende Stimme das erste Gebet durch die Lautsprecher an.

»Gegrüßet seist du, Maria, voll der Gnade, der Herr ist mit dir. Du bist gebenedeit unter den Frauen, und gebenedeit ist die Frucht deines Leibes Jesus. Heilige Maria Mutter Gottes, bitte für uns Sünder, jetzt und in der Stunde unseres Todes.« Lotte und ich halten keine Rosenkranzkette in den Händen. Wir schweigen und staunen. Ein Pastor gesellt sich mit einer Gitarre in unser Abteil. Lotte klatscht zur Musik. Zum Zeitvertreib laufe ich durch mehrere Waggons, strecke meinen Kopf aus dem Zugfenster und schaue, während die Klospülung läuft, auf die Gleise. Das erinnert mich an meine Kindheit, an die Zugreisen mit meinen Schwestern.

Die Krankenherberge in Lourdes, das sogenannte Accueil, ist ein großer, grauer Betonklotz mit einigen Etagen und vielen Fluren. Wir stehen vor unserer Unterkunft. In der Ferne die schneebedeckten Berggipfel der Pyrenäen. Rosa Rosen und rotes Geranium blühen. Ein Wiedehopf hüpft neben uns aus dem Gebüsch. Seine schwarz-weißen Flügel leuchten im Sonnenlicht, als er abhebt und zum nächsten Baum fliegt. Ein dumpfes flötenähnliches *pu pu pu* ist aus dem Wipfel zu hören. Vier Tage werden wir in Frankreich bleiben. Der heilige Bezirk von Lourdes befindet sich auf der anderen Uferseite des *Gave de Pau*. Gemeinsam überquere ich mit Lotte den Fluss. Lotte fährt Rollstuhl. Ich laufe. Weder auf der Brücke noch auf anderen Wegen befinden sich in Lourdes unüberwindbare Stufen oder Schwellen. Rampen und funktionierende Aufzüge gehören hier selbstverständlich zum Standard. Menschen mit Krankheiten und Behinderungen auch.

»Sie haben eine hübsche Tochter«, ruft mir ein Italiener auf Englisch hinterher. Er sitzt auf einer Bank und leckt ein Eis.

Lotte trägt ein buntes Sommerkleid. Ihr blonder Pferdeschwanz schwingt zu den Bewegungen ihrer Arme.

Die sommerliche Hitze zieht uns zu dem Brunnen. Hier tummeln sich Frauen und Männer mit großen und kleinen Kanistern, Glasflaschen und Kuriositäten wie Plastikmadonnen, die sich durch Abschrauben des Kopfes befüllen lassen. Ich reibe Lottes Hände und Gesicht mit Heilwasser ein, erfrische ihren Nacken. Ich bespritze sie, und sie bespritzt mich. Wir lachen. Andere Kinder kommen dazu und spielen mit uns. Dafür ist das Wasser auch da. Nicht nur zum Trinken.

Wir besichtigen die Erscheinungsgrotte. Lotte streckt ihre Hände aus. Sie berührt die feuchten grauen Felswände. Etwas scheint sie zu irritieren. Lotte brüllt. Niemand guckt, noch nicht mal die Jungfrau Maria, die oberhalb der Grotte in einer Nische steht. Ihr Blick richtet sich gen Himmel. Sie wirkt in sich gekehrt. Vielleicht lächelt sie.

Bernadette Soubirous war gerade vierzehn Jahre alt, als ihr vor 159 Jahren die weiß gekleidete Jungfrau erschienen ist. Lotte ist ungefähr im selben Alter. Manchmal macht es den Anschein, dass auch sie Dinge wahrnehmen kann, die ich nicht sehe. Zum Beispiel regelmäßig beim Abendessen, wenn Lotte sich von ihrem Teller wegdreht und lacht. Immer wieder fixiert ihr Blick eine dunkle Küchenecke, und sie beginnt zu winken. Doch außer Staub und vielleicht ein paar Krümeln ist dort nichts. Zumindest nichts, was Kasimir und ich sehen können.

»Siehst du Gespenster?«, fragt er seine Schwester dann oft.

Einprägsam war auch die Situation, als wir die Reste einer buddhistischen Klosteranlage in der Mongolei besichtigten. Schon als Sebastian Lotte aus dem Auto hob, fing sie an, sich heftige Beißwunden an den Händen zuzufügen. Sebastian schob seine brüllende Tochter geduldig durch die Ruinen. Tulga erzählte uns, dass die Sowjets hier mehrere Hundert Mönche gefoltert und getötet hatten. Lottes Brüllen wurde immer verzweifelter. Auch Tulgas Stimme beruhigte sie nicht. Sebastian versuchte, ihr etwas zu essen und zu trinken zu geben. Nichts half. Sie warf die Wasserflasche und die Kekse auf den Boden. Erst als Tulga seine Vermutung geäußert hatte, dass Lotte das Leid der getöteten Mönche spüren würde, veränderte sich die Situation. Ich versuchte, mich auf ihren Schmerz einzulassen und mit Verständnis und Mitgefühl auf das Gebrüll zu reagieren. Und wirklich, Lotte hörte auf zu schreien. Sie begann bitterlich zu weinen und zu schluchzen. Dicke Tränen tropften in ihren Schoß. Es dauert lange, bis Lotte wieder lächeln konnte.

»Are you okay?«, fragte Tulga.

Und ein ganz leises *Ja* war zu hören.

Ich kann mir gut vorstellen, dass Lotte Dinge und Gefühle wahrnehmen kann, die mir verborgen bleiben. Vielleicht ist Lottes Behinderung nur aus unserer Sicht eine Behinderung. Vielleicht sind wir in unserer Wahrnehmung eingeschränkt und können deswegen Lotte nicht immer verstehen.

Die Tage in Lourdes sind mit Programm gefüllt. Lotte und ich nehmen an vielen religiösen Zeremonien teil. Nicht aus Überzeugung, sondern aus Neugierde. Während der eucharistischen Prozession laufen die Pilgergruppen hinter dem Allerheiligsten, der geweihten Hostie, her. Ich ziehe eine himmelblaue Voiture, eine Art Rikscha für die Kranken, in der ein freundlicher älterer Herr mit Augenklappe sitzt. Mehrfach bedankt er sich. Nicht dafür, dass ich ihn ziehe, sondern dafür, dass er noch danken kann.

Lotte ist weit vorn. Inmitten von anderen Menschen in Rollstühlen, sehe ich ihre dünnen Arme freudig durch die Luft wackeln. Der Gesang des *Ave Maria* gefällt ihr. Sie wird von einer Malteserin geschoben. Die Prozession schlängelt sich durch den heiligen Bezirk. Die Segnung der Kranken findet in einer unterirdischen Basilika statt. Die Form des Sakralbaus ist einem umgedrehten Schiffsrumpf nachempfunden. Fünfundzwanzigtausend Menschen haben hier Platz. Ich habe Beklemmungen in dem fensterlosen Gebäude. Die feierliche Stimmung animiert Lotte. Lauthals lacht sie zum Klang der Glocken. Sie löst die Bremsen am Rollstuhl ihres Nachbarn. Dieser kann sich nicht bewegen und rollt nach vorne, in den Rücken des nächsten. Der Geruch von Weihrauch benebelt mich. Lottes Teleskop-Arme sind nicht zu bändigen. Sie zupft an

Jacken und zieht an Taschen. Niemand schimpft. Keiner meckert. Lotte stört hier nicht.

Auch dann nicht, als sich während des Abendmahls die Hostie an ihrem Gaumen festsaugt und sie wütend in ihrem Mund wühlt. Das Allerheiligste landet vor den Füßen des Priesters. Dieser spricht von Neubeginn, von Umkehrung. Denn das sei es, was ein Aufenthalt in Lourdes verspreche.

Fünfzig der neunundsechzig anerkannten Heilungen sind in Lourdes im Zusammenhang mit dem Kontakt mit dem Wasser geschehen. Das will ich mir nicht entgehen lassen. Vor der Badestätte steht bereits eine Schlange von Menschen. Wir müssen nicht warten und dürfen mit Lotte direkt durch den Krankeneingang hineintreten. Eine Malteserin begleitet uns.

Der Umkleideraum ist gefüllt mit Frauen, verschiedenen Sprachen und gedämpftem Lachen und Weinen. Vorhänge trennen die einzelnen Bäder voneinander ab. Freundliche Hände schieben mich vorwärts. Ich entkleide mich. Die Malteserin zieht Lotte aus. Wir warten. Und lauschen den vielfältigen Klängen. Dann stehe ich alleine vor dem Wasser. Lotte wurde zu einem anderen Becken geschoben. Ich höre sie quieken. Das Wasser scheint eiskalt zu sein.

Drei Stufen führen in das Tauchbecken. Auf der gegenüberliegenden Seite befindet sich eine Marienstatue. Maria ist wie ich in ein weißes Gewand gehüllt. Sie trägt einen Heiligenschein.

»Sie können jetzt Ihr Anliegen präsentieren«, flüstert mir eine der beiden Badehelferinnen zu.

Ich stammle ein paar unverständliche Worte und trete von einem Bein auf das andere. Was war noch mal mein Anliegen?

»Ihr könnt uns jetzt alleine lassen«, sagt eine fremde Stimme.

Maria steigt von ihrem Sockel und kommt direkt auf mich zu. Barfuß und mit einem Rosenkranz in der Hand.

Als sie vor mir steht, fragt sie mich: »Warum bist du hier?«

Während ich überlege, legt Maria ihr weißes Gewand über einen Stuhl. Darunter trägt sie ein schlichtes Kleid. Ebenfalls weiß. Sie nimmt ihren Heiligenschein vom Kopf und setzt ihn aufs Wasser. Alles um uns herum beginnt zu leuchten. Jetzt steht Maria in einem türkisfarbenen Badeanzug mir gegenüber. Sie lächelt mich an.

»Meine Tochter hat eine Behinderung«, erkläre ich.

»Das weiß ich«, sagt sie. »Du bist doch hoffentlich nicht wegen der Wunderheilungen zu mir gekommen.«

»Nein«, antworte ich, »deswegen bin ich nicht hier. Ich glaube, ich brauche deinen Rat.«

Wir sitzen nebeneinander auf dem Beckenrand und lassen unsere Beine ins Wasser baumeln. Ich blicke der Mutter Gottes ins Gesicht. Und sie mir, der Mutter Lottes. Ich erzähle ihr unsere Geschichte. Die Heilige Jungfrau hört zu. Unsere Füße planschen im Wasser.

»Ich weiß, unsere Leben lassen sich nicht vergleichen. Trotzdem muss ich dich das fragen: Hast du dich manchmal auch so einsam mit deinem besonderen Kind gefühlt?«

»Ja, oft«, sagt sie mit kräftiger Stimme. »Seit der Geburt meines Sohnes standen wir im Mittelpunkt. Er war immer eine Attraktion. Das ist nicht leicht für eine Mutter.«

»Wolltest du auch einfach mal normal sein?«

Maria lacht auf. Mit ihren Fingern befeuchtet sie die Stirn und ihren Nacken mit kaltem Wasser.

»Ich weiß gar nicht, was Normalität ist«, sagt sie. »Noch nicht mal meine Schwangerschaft war normal. Geschweige denn meine Ehe, mein Sohn, mein Muttersein. Und jetzt stehe ich da oben, auf diesem Sockel. Ist es das, was du willst? Normal sein, ein normales Kind?«

»Nein«, antworte ich. »Aber natürlich wünsche ich mir, dass Lotte eines Tages weniger schreit. Ansonsten will ich meine Tochter genau so, wie sie ist.«

»Was ist es dann?«, fragt mich Maria.

»Ich will ein Leben mit Lotte. Aber nicht um jeden Preis. Und das fällt mir schwer, mir einzugestehen«, sage ich.

»Du willst dein eigenes Leben nicht so großzügig opfern, wie ich es damals getan habe. Stimmt's?« Maria schaut mich eindringlich an.

»Bin ich eine schlechte Mutter?«, will ich von ihr wissen.

»Hör auf«, sagt sie und bespritzt mich mit Wasser. »Weg mit deinem schlechten Gewissen«, sagt die Jungfrau Maria. »Vielleicht würde ich heute auch mehr Wert auf mein eigenes Leben legen. Immerhin steige ich mittlerweile von meinem Sockel runter, wenn mir langweilig ist.«

Statt fromm zu lächeln, lacht Maria fröhlich und strampelt mit den Füßen.

»Die sind schon blau vor Kälte«, sagt sie und zieht beide aus dem Wasser. Maria drückt auf ihren Fußzehen rum, als wolle sie ein Stück auf der Orgel anstimmen.

»Und Josef?«, traue ich mich zu fragen.

»Ob wir glücklich gewesen sind?«

Ich nicke.

»Das habe ich mich nie gefragt. Dazu gab es keine Zeit. Wir brauchten einander«, antwortet Maria.

»Und Sebastian?«, will sie wissen.

»Meine Beziehung funktioniert nicht«, sage ich. »Ich halte fest, was ich loslassen müsste. Weil ich denke, dass eine Familie eine Familie bleiben sollte. Gerade wegen

Lotte. Ich glaube, ich habe keine Wahl. Das ist mein Leben. Da muss ich wohl durch.«

Ich bibbere am ganzen Körper. Das Wasser ist tatsächlich eiskalt.

»Du hast immer eine Wahl«, sagt Maria. »Zum Beispiel jetzt.«

Sie steht auf. Und hält ihre Arme gestreckt neben die Ohren. Und mit einem lauten *Platsch* springt die Jungfrau Maria kopfüber ins Tauchbecken. Ohne zu überlegen, werfe ich mein weißes Badetuch weg und springe hinterher. Als ich auftauche, ziehen mich vier Arme aus dem kalten Wasser und wickeln mich in ein trockenes Badetuch.

»Ihre Tochter wartet draußen vor den Bädern auf Sie, soll ich Ihnen ausrichten.« Die beiden Badehelferinnen begleiten mich in die Umkleide.

Als ich durch den Ausgang ins Freie trete, blicke ich einer Marienstatue ins Gesicht. Vielleicht lächelt sie. Auf jeden Fall lacht Lotte, als ich über ihren Rollstuhl stolpere.

Am letzten Abend nehmen wir an einer Lichterprozession teil. Es ist bereits dunkel. Ein Meer aus flackernden Kerzen bewegt sich durch den heiligen Bezirk. Vorne werden die Rollstühle geschoben. Dahinter folgen die blauen Voituren und dann die Krankenliegen. Hunderte von Menschen befinden sich vor der *Basilika der Unbefleckten Empfängnis*. Alle mit Lichtern und Kerzen in den Händen. Halleluja. Das ist ein Gefühl. Ich denke an die Rückkehr nach Berlin. Die Einkehr in meinen Alltag. Und die Umkehr in Lourdes. Ich hasse es, in der Öffentlichkeit zu weinen. Lourdes ringt mir einige Tränen ab. An diesem Abend lehnt Lotte ihren Kopf gegen meinen. Sie streichelt mir den Rücken.

»Mama da«, lauten ihre tröstenden Worte.

14

Vor mir auf dem Bürgersteig sitzt eine Ringeltaube. Sie schaut mich ängstlich an. Als ich mich ihr nähere, hüpft sie auf einem Bein weg. Sie flüchtet sich in einen Hauseingang. Ich gehe weiter. Darüber scheint die Taube glücklich zu sein. Sie ruft ein sanftes *ruhgu, gugu.*

Es ist Ende März. Der Schnee ist geschmolzen, und die ersten grünen Blumenspitzen bohren sich durch die Erde. Ansonsten lässt der Frühling wie jedes Jahr in Berlin noch auf sich warten. Die Bäume sind kahl. Der Himmel spiegelt sich grau in den Pfützen auf der Straße. Mit Mütze und Schal betrete ich das Stadtbad.

Alle in unserer Familie schwimmen gerne. Ich am liebsten morgens, und zwar tausend Meter im Hallenbad. Ich stehe am Beckenrand und ertaste mit meinem großen Zeh die Temperatur. Mein Sprung ins kalte Wasser fühlt sich heute wie ein Bauchplatscher an. Kraulend hole ich immer nur auf einer Seite Luft. Meine Atmung geht schnell. Manchmal schlucke ich Wasser. Die Füße paddeln weiter. Vor mir ein grüner Badeanzug. Und eine weiße Badekappe. Zweimal versuche ich, die Schwimmerin zu überholen. Genau in dem Moment beschleunigt sie. Ich falle zurück. Meine Arme werden müde. Meine Hände greifen nach dem Beckenrand. Ich bin ehrgeizig. Nach einer kurzen Pause reihe ich mich hinter einem pinken Bikini wieder ein. Die Schwimmbahn ist eng, dafür fünfzig Meter lang. Der Regen prasselt auf das Glasdach.

Kasimir besucht in der Schule den Schwimmunterricht. Auf seiner Badehose leuchtet das Jugendschwimmabzeichen *Bronze*. Ohne ein mulmiges Gefühl im Magen springt er vom Dreimeterturm. Und Lotte geht einmal wöchentlich gemeinsam mit der Physiotherapeutin ins schuleigene Schwimmbad. Dabei trägt sie große gelbgrüne Schwimmflügel. Mit gutem Zureden traut sie sich, im Sitzen vom Beckenrand zu hüpfen. Lotte liebt warmes Wasser. Im Sommer auch die bayerischen Seen. Und Sebastian? Der schwimmt auch. Aber seltener.

Unter der Dusche treffe ich den grünen Badeanzug wieder. Die Frau, die ihn trägt, nimmt ihre Schwimmbrille ab. Ich erkenne die spitze Nase. Frau Hendriks vom Jugendamt reibt sich mit Seife ein.

»Hallo«, sage ich.

Das warme Wasser läuft mir den Rücken runter. Die Fallmanagerin reicht mir ihre nasse Hand. Eigenartig, sich im Schwimmbad zu treffen, denke ich.

»Wie geht es Ihnen?«, fragt sie. Wahrscheinlich pro forma.

»Auf jeden Fall immer wieder gut«, antworte ich.

Blöde Frage, denke ich. Nicht im Speziellen, sondern generell.

»Das tut mir leid«, sagt Frau Hendriks, als ich von unserer neuen Situation erzähle. Sie spricht von einer großen Aufgabe. Das würde für meine Kinder nicht leicht werden.

Die Fallmanagerin legt sich ein Handtuch um und verschwindet in der Umkleidekabine. Ich lasse ihr einen Vorsprung. Nicht, dass wir uns wieder unterm Föhn treffen. Das Gespräch war unangenehm, denn es steht mal wieder ein Termin mit dem Jugendamt an. Im Gegensatz zu mir kennt Frau Hendriks den Grund für das Treffen schon. Jährlich müssen wir die Stunden der Einzelfallhilfe neu beantragen. Die ersten Jahre hatte uns das Jugendamt zwölf Stunden pro Woche gewährt. Später waren es dann neun. Letztes Jahr nur noch zweieinhalb. Heute heißt es, die Finanzierung der bewilligten Stunden sei ein interner Fehler gewesen. Und jetzt müssen wir abwarten. Es ist unwahrscheinlich, dass das Jugendamt diesen Fehler versehentlich wiederholen wird. Dieses Jahr habe ich ein noch mulmigeres Gefühl als sonst.

Frau Hendriks ist mir suspekt. Wir kennen uns seit Jahren. Und doch bleibt die Fremdheit bestehen. Was denkt sie von mir? Sind wir ein besonders harter Fall?

Im vorletzten Winter mussten Sebastian und ich die Füße gleichzeitig hochlegen. Wochenlang. Ich hatte mir bei einem Fahrradunfall das Fußgelenk gebrochen. Sebastian sich beim Sport die Achillessehne gerissen. Die Pflege unserer Tochter war nicht mehr gesichert, wie es in der Dokumentation für die Pflegekasse hieß. Wir brauchten Hilfe. Und zwar sofort. In meiner Not rief ich das Jugendamt an. Die ambulanten Pflegedienste hatten keine Kapazität. Also bat ich Frau Hendriks um Hilfe. Sie war tagelang nicht zu erreichen.

»Kurzzeitpflege«, sagte sie knapp angebunden am Telefon.

»Das geht nicht«, sagte ich. »Lotte wird Heimweh haben. Wie soll ich ihr erklären, dass sie wochenlang in einer Einrichtung leben muss, mit Menschen, die sie nicht kennt?«

»Gar nicht«, sagte Frau Hendriks. »Das kann Lotte nicht verstehen.«

»Haben Sie Kinder?«, fragte ich.

»Eine Tochter«, antwortete sie.

»Würden Sie Ihr Kind in die Kurzzeitpflege geben?«

»Meine Tochter hat keine Behinderung«, lautete die lapidare Antwort.

Ich legte auf. Wie immer fanden wir eine Lösung. Es gibt Menschen, die erscheinen genau im richtigen Moment. Großmütter und Schwestern reisten an. Freundschaften schafften Freude. Und Ehrenamtliche pflegten Lotte.

»Noch einmal«, murmele ich vor mich hin, während ich die warme Dusche anmache. Ich schaue auf die Uhr. Jetzt muss Frau Hendriks das Schwimmbad verlassen haben. Ich greife nach hinten und drehe die Mischbatterie auf Blau.

Sebastian ist ausgezogen. Die Kinder leben abwechselnd bei mir und bei ihm.

Paare mit einem behinderten Kind trennen sich häufiger als Paare mit normalen Kindern, heißt es immer wieder. Sebastian und ich sind wegen Lottes Behinderung überhaupt so lange zusammengeblieben, so meine Theorie. Die Sorge um Lotte hat eine enge Verbindung zwischen uns wachsen lassen. Auch die Geburt unseres zweiten Kindes stärkte uns. Der Familienzusammenhalt war immer groß, unsere Paarbeziehung jedoch labil. Jahrelang haben wir gekämpft. Lange habe ich mich an die klassische Familienstruktur geklammert, auf der Suche nach Halt, den ich nicht finden konnte.

Als Eltern funktionieren wir weiterhin gut. Regelmäßig tauschen wir uns über die Kinder und vor allem über Lotte aus. Täglich gibt es Termine, Telefonate und Treffen zum Thema Alltag mit Lotte. Hinzu kommen Betreuungsengpässe und Notfälle in der Schule. Und dann existiert auch noch unser Arbeitsalltag, den wir beide irgendwie um all das herumbasteln. Wir müssen flexibel sein und schnell reagieren können. Ich träume von einer Möglichkeit, wenigstens einen kleinen Teil von alldem delegieren zu können.

Das Chaos holt mich immer wieder ein. Gerade auch jetzt.

Selbstzweifel. Selbstschuld. Selbstermächtigung.

Zuverlässigkeit und Verbindlichkeit findet man nur bei sich selbst. Aber auch ich lasse mich manchmal im Stich. Regelmäßig stecke ich meinen Kopf in den Sand. Ziehe ihn recht schnell wieder raus, schüttle mich kurz und gehe weiter. Es gibt sie, die dunklen Momente der Verzweiflung. Vor mir das riesige geöffnete Maul des Monsters, das mich mit Haut und Haaren verschlingen will. Du musst dem Ungeheuer in die Augen blicken. Wegrennen hilft auch, zumindest für den Moment. Ich bin nicht schnell. Es folgt mir, und manchmal leckt es mich von hinten ab. Das ist alles. Verschluckt hat es mich noch nie.

Alleinerziehend zu sein fällt mir schwer. Das eng gewickelte Alltagsknäuel lässt sich nicht entwirren. Da muss ich Frau Hendriks recht geben. Alleine mit meinen Kindern zu sein ist eine Aufgabe. Eine Lebensaufgabe. Hauptsache, ich lebe, denke ich. Nachts habe ich manchmal Bedenken, aus Versehen im Schlaf zu sterben. Dabei handelt es sich nicht um die Angst vor dem Tod, sondern um die Sorge, meine Kinder alleine zu lassen. Nächtelang schleiche ich durch die Wohnung. Und belausche die Stille der schlafenden Kinder durch die Wände.

Die Mongolei-Reise hat mich stark gemacht. In solchen Nächten fühle ich mich schwach. Schaffe ich das alles überhaupt? Wenn die Kinder bei Sebastian sind, kann ich durchatmen. Seit der Trennung ist mein Leben leiser geworden. Aber nur das äußerliche. Innerlich führe ich Kriege gegen die Einsamkeit. Seit Jahren kämpfe ich für mehr eigene Zeit, für meine Bedürfnisse, für mein Leben. Nun habe ich diese leeren Momente. Dieser Zustand ist freiwillig gewählt. Trotzdem weiß ich nicht, wie ich die Lücken sinnvoll füllen kann. Wenn die Kinder bei Sebastian sind, dann arbeite ich länger. Und räume die Wohnung auf. Erledige liegen gebliebene Schreiben auf meinem Schreibtisch und puste die Wollmäuse aus den Ecken. Der Kontrast ist kolossal. Besuche bei Freundinnen fallen mir manchmal schwer. Ich sitze mit anderen Kindern beim Abendessen und wüsste gerne, was Lotte und Kasimir jetzt machen.

»Wer bin ich denn?«, frage ich in die Stille hinein.

Die Worte scheinen in den Räumen meiner Wohnung zu hallen.

»Und was will ich überhaupt?«, rufe ich in den geputzten und übersichtlichen Kühlschrank.

Seit Sebastians Auszug müssen Lotte und Kasimir einen permanent überforderten Elternteil ertragen. Und den anderen gleichzeitig vermissen. Wenn es abends an der Haustür klingelt, wirft Lotte ihre Arme in die Luft. Sie ruft *Papa*. Und schaut stumm nach unten, wenn nur ein Paket abgegeben wird.

»Jetzt sind wir keine normale Familie mehr«, sagt Kasimir.

»Das waren wir noch nie«, sage ich.

»Glaubst du, wir werden irgendwann wieder glücklich sein?«

»Ganz bestimmt«, antworte ich. Zumindest immer wieder, denke ich.

Hat Kasimir keine Lust auf eine Unterhaltung, wird es am Esstisch still. Er mag keine Pro-forma-Gespräche. Lotte sowieso nicht. Sie konzentriert sich auf das Essen. Mir fehlen die abendlichen Diskussionen. Ich fühle mich auseinandergerissen. Auch wenn ich weiß, dass die Gewohnheit eins unserer festen Bindeglieder gewesen ist.

Kasimir greift zum Telefon und ruft Sebastian an, wenn die Sehnsucht zu groß wird. Und er redet mit Freunden in der Schule über die große Veränderung zu Hause. Er ist genervt, dass er jede Woche seine Tasche packen muss, aber auch erfreut über das zweite Kinderzimmer.

Ich spreche mit meiner Familie und im Freundeskreis über meine Trennung.

Und was fühlt Lotte?

Wenn sie der Stimme ihres Vaters durch den Telefonhörer lauscht, formt sie ihre Unterlippe zu einer Schippe. Tränen laufen ihre Wangen runter.

Ich beschließe, in die Schule zu fahren. Über Lottes Mitteilungsheft habe ich mich mit der Lehrerin verabredet.

»Das wissen wir bereits«, sagt Frau Heist.

Frau Heist ist seit zwei Jahren Lottes Klassenlehrerin. Sie ist klein, sportlich und trägt kurze blonde Haare. Wir stehen vor dem Klassenzimmer. Lotte ist zur Morgentoilette verschwunden.

»Was wissen Sie?«, frage ich nach.

»Dass Sie getrennt leben«, sagt die Lehrerin.

»Hat die Einzelfallhilfe mit Ihnen gesprochen?«

»Nein.« Pause. »Lotte«, antwortet sie. »Ich habe lange überlegt, wann ich es Ihnen mitteilen soll. Zuerst musste ich mir wirklich sicher sein. Jetzt bin ich überzeugt: Ihre Tochter kann schreiben.«

Trau dich

Es ist Sonntagmorgen. Fünf Uhr dreißig. Ich drehe mich im Bett von links nach rechts. Keine Geräusche, nur das Flattern des Vorhangs im Wind. Eine Ewigkeit lausche ich dem Nichts. Die Kinder sind bei Sebastian. Ich verlasse das warme Bett, stehe auf den kalten Fliesen und blicke in den Spiegel. Mein Gesicht sieht müde aus. Das kenne ich. Und es interessiert mich nicht mehr. Schlaf ist sowieso überbewertet, denke ich. Vielmehr fixiere ich das, was ich hinter mir in dem Spiegel sehe. Ein Hängeschrank gefüllt mit meinen Cremes und Extras. Kasimirs Bademantel und sein Sprühschaum für die Wanne. Und Lottes Griffe, an denen sie sich im Stehen und Sitzen festhalten kann. Im Gegensatz zu Cremes und Badeschaum sind die Haltegriffe, der Hocker und Lottes Kloaufsatz immer da. Was denken andere, wenn sie diese Welt betreten?

Die Schlange vor der Alten Nationalgalerie ist immens. Das Berliner Museum präsentiert mit »Impressionismus – Expressionismus. Kunstwende« erstmalig eine Ausstellung, die sich ausschließlich dem Vergleich beider Kunstepochen widmet. Ich stelle mich an. Niemand brüllt. Kein Mensch glotzt mich an.

Völlig unauffällig bewege ich mich Schritt für Schritt weiter nach vorne. Bis ich am Kassenhäuschen eine Begleitkarte bestelle. Irgendwas stimmt nicht. Das sehe ich an dem Gesichtsausdruck der Kartenverkäuferin.

»Eine normale Karte«, verbessere ich mich.

Heute begleite ich nicht. Vor allem nicht Lotte. Manche Dinge haben sich automatisiert. Mittlerweile lasse ich, ohne zu zögern, Autos abschleppen, die auf unserem Behindertenparkplatz stehen, und rufe vor jedem Besuch in

Konzertsälen und Theatern an, ob dort ein barrierefreier Zugang und eine rollstuhlgerechte Toilette existieren.

»Was ist eine normale Karte?«, fragt mich verdutzt die Frau an der Kasse.

»Eine Karte ohne Vergünstigung. Keine Kombikarte. Eine simple Eintrittskarte«, erkläre ich.

Die Frage nach Normalität stellt sich immer wieder. Die Antworten bleiben vage. Ich weiß auch nicht, was normal ist. Vielleicht ist Normalität nur Ansichtssache. Und diese ändert sich kontinuierlich im Laufe der Zeit. Mir erscheint es auf jeden Fall normal, dass sonntags das Museum voll ist. Viele Familien mit lauten Kindern laufen an mir vorbei. Ich habe keine Eile. Und deswegen weiß ich nicht, mit welchem Bild ich anfangen soll. Wahllos bleibe ich vor einem Gemälde von Pierre-Auguste Renoir stehen, Der Nachmittag der Kinder in Wargemont, *so der Titel. Es zeigt eine adrett gekleidete Frau bei der Handarbeit. Ich sehe zwei Mädchen in Sonntagskleidern, die ältere sitzt auf einem blauen Sofa und liest ein Buch, die jüngere steht vor ihrer Mutter und hält eine Puppe im Arm. Harmonie. Etwas stößt schmerzhaft gegen meine Ferse. Ich drehe mich um. Ein junges Mädchen im Rollstuhl mit Kopfhören auf den Ohren scheint mich nicht zu bemerken. Sie bleibt direkt hinter mir stehen. Spucke tropft aus ihrem Mund. Ich sage »Hallo« und »Nicht so schlimm«. Aber so richtig weiß ich nicht, was ich machen soll. Ich schiebe den Rollstuhl ein Stück zur Seite. So, dass ich mich wieder bewegen kann. Eine schlanke, elegant gekleidete Frau um die fünfzig eilt herbei. Sie entschuldigt sich. Nimmt mich kaum wahr und verschwindet mit ihrer Tochter im nächsten Raum.*

»Kein Problem«, rufe ich noch hinterher. Das kenne ich, denke ich.

Ich mische mich unter die Menschen. Und lasse mich von einem Bild zum nächsten tragen. Manche überspringe ich. Zu viele betrachtende Augen sammeln sich auf engstem Raum.

Im nächsten Saal entdecke ich ein Mädchen, das den Rollstuhl schiebt. Sicherlich sind es Schwestern. Beide haben blonde, lockige Haare und eine himmelwärts gerichtete Nase. Nur die Augen sind unterschiedlich. Die jüngere beugt sich über den Audioguide, stellt eine neue Nummer ein und setzt dem anderen Mädchen die Kopfhörer wieder auf. Dann zieht sie aus einer Tasche, die am Rollstuhl befestigt ist, ein Tuch hervor. Sie wischt die tropfende Spucke weg. Ähnlich routiniert wie Kasimir, denke ich. Das Mädchen im Rollstuhl lacht glockenhell und wirft die Kopfhörer auf den Boden.

»Hör auf mit dem Quatsch«, höre ich.

»Willst du nicht mehr zuhören?«, fragt die Mutter ihre Tochter. Sie antwortet nicht und klopft auf ihre Ohren. Dort landen erneut die Kopfhörer. Jetzt bleiben sie sitzen.

Renoir und seine Zeitgenossen interessieren mich nicht mehr. Zumindest nicht heute. Die Gemälde huschen an meinen Augen vorbei. Das reale Motiv zieht mich an. Ich schiebe mich hinter andere Besucher und beobachte. Ich folge der Familie von Raum zu Raum. Und versuche, wenig auffällig zu starren. Der Audioguide scheint dem Mädchen doch zu gefallen. Sie gibt glucksende Geräusche von sich. Ihr Oberkörper wackelt nach vorn und nach hinten. Immer wieder höre ich:

»Hör auf, Sophie. Nicht so laut. Und pass auf, wo du hinfährst.«

Die Schwester interessiert sich weniger für die Bilder und mehr für ihr Smartphone.

Das ist mir alles bekannt, denke ich. Irgendwie normal für mich. Und auch nicht. Ich bleibe auf meinem Beobachtungsposten. Wäre der Anblick wirklich gewöhnlich für mich, müsste ich der Familie nicht so viel Aufmerksamkeit schenken. Dann könnte ich mir die Im- und Expressionisten im Vergleich ansehen.

Die Hand eines älteren Herrn schiebt sich um die Taille der Mutter. Sie küssen sich. Sie flirten. Das ist bestimmt nicht der Vater der Kinder, denke ich. Und schäme mich auch gleich für mein inneres Bild. So offensichtlich verliebt zeigt sich kein langjähriges Pärchen in der Öffentlichkeit, bestätige ich meinen Eindruck. Die Mutter lacht, macht Witze und hilft Sophie beim Naseputzen.

Unerwartet blickt sie mir in die Augen. Wirklich mir? Oder nur in meine Richtung? Ich schaue zu Boden und dann, als habe mich jemand bei etwas Verbotenem ertappt, verstohlen auf ein Gemälde. Es zeigt eine nackte Frau. Mädchen vor dem Spiegel, *lese ich auf dem Titelschild. Und Karl Schmidt-Rotluff, 1915.*

Das Mädchen blickt nicht sich selbst an, sondern in den Raum der Betrachtenden. Der Rücken spiegelt sich. Ihr Körper ist schmal und eckig. Die Proportionen stimmen nicht. Die Brüste ragen wie Raketen in den Raum. Ihr Gesichtsausdruck ist erschreckend erwachsen. Irgendwie anders, auch nicht normal. Die lebendigen Farben gefallen mir. Das knallige Gelb des Körpers, das kräftige Blau der Haare und der grüne Boden. Blumen stehen im Hintergrund.

Langsam hebe ich den Blick. Meine Augen suchen die Familie.

Soll ich sie ansprechen?, frage ich mich.

Die Holzdielen unter meinen Füßen scheinen zu schwanken.

Was soll ich bloß sagen?, denke ich. Hallo, ich habe auch eine Tochter mit Behinderung. Etwas plump, finde ich. Ich traue mich nicht. Und trete von einem Bein aufs andere. Vielleicht ein Witz? Na, was habt ihr denn im Lotto gewonnen? Ich jedenfalls fand das damals erleichternd leicht, darauf zu antworten. Keine mitleidigen oder dramatischen Worte. Ich trau mich jetzt mal. Oder haben die vielleicht gar keine Lust auf ein Gespräch mit mir?

Ich blicke das Mädchen vor dem Spiegel an. Ungelenk steht es vor mir. Und dann nehme ich Haltung an. Ziehe meine Schultern nach hinten und bewege die Füße nach vorne. Im nächsten Raum sehe ich keinen Rollstuhl. Auch im übernächsten, nichts. Nicht, dass sie das Museum schon verlassen haben, denke ich und renne.

»Das ist ein Museum«, sagt der Aufpasser zu mir. »Andere fühlen sich gestört, wenn Sie durch die Ausstellung rennen.«

Ich verschließe meine Ohren, laufe hastig weiter und lande im Museumsshop. Hier sind sie. Und blättern durch Kataloge. Auch auf Sophies Schoß liegt einer.

»Ich muss euch ansprechen«, sage ich noch außer Atem und gestehe: »Ich beobachte euch schon eine Weile. Hallo, Sophie. Meine Tochter sitzt auch im Rollstuhl.«

»Hallo«, sagt die Mutter mit einem Lächeln. »Sophie spricht nur wenige Worte. Aber sie versteht ganz viel.«

15

Die Information, dass Lotte lesen, rechnen und schreiben kann, bricht wie ein Fuß durch metertiefes Eis in unser Leben. Ein Paukenschlag. Ein Faustschlag. Ein Schlagloch?

Vielleicht ist das die grundlegende Veränderung, die ich mir von der Begegnung mit dem Schamanen in der Mongolei erhofft habe? Das Wunder von Lourdes?

Ein Wunder ist ein Ereignis, dessen Zustandekommen wir uns nicht erklären können. Lotte wurde Lesen, Rechnen und Schreiben in der Schule nicht beigebracht. Sie muss es im Unterricht aufgeschnappt haben. Irgendwie mitbekommen.

Ich wundere mich immer wieder. Und jetzt erst recht. Und da bin ich nicht die Einzige.

Die Unkerei tut mich auch was wundern, schreibt Lotte auf ihrem Computer, als die Logopädin sie in der Schule fragt, was heute mit ihr los sei. Lotte wundert sich, dass sie im Unterricht keinen Quatsch machen darf. Wenn sie sich konzentriert, tippt ihr Finger erstaunlich schnell originelle Sätze. Wie Funken einer Wunderkerze versprüht Lotte Wörter. Zumindest in der Schule. *Apfelgelee schmeckt mir besonders gut,* schreibt sie. Aber zum Frühstück möchte sie lieber Camembert aufs erste Brot und Popel auf ihr zweites haben. Zumindest tippt sie genau das in ihren Computer. *Ich finde das Lesebuch fade,* teilt Lotte der Klasse im Unterricht mit. *Ich wünsche mir eine leuchtende Handcreme,* tippt sie für ihren Wunschzettel für Weihnachten.

Zu Hause ist alles anders.

Die Tür geht auf. Sebastian betritt im dunklen Anzug das Besprechungszimmer. Ein gelber Fahrradhelm sitzt auf seinem Kopf. Seine Hosenbeine sind mit Neonbändern an den Fesseln zusammengeschnürt.

»Guten Tag«, sagt er noch außer Atem. »Meine Mandantin wollte nicht gehen«, entschuldigt er sich. Er reicht allen Anwesenden die Hand. Mich nimmt er kurz in den Arm.

»Wir sammeln gerade die Punkte für die Tagesordnung«, erklärt die Kinder- und Jugendpsychiaterin.

Zweimal im Jahr treffen wir uns zu einer Hilfskonferenz im Sozialpädiatrischen Zentrum eines Klinikums in Berlin. Gemeinsam mit Lottes Klassenlehrerin, Frau Heist, der Logopädin, einer Einzelfallhilfe und Frau Doktorin Gutbrink sitzen wir um einen Konferenztisch. Wir sprechen über Lotte. Nicht mit ihr. In diesem Fall ist das gewollt und in Ordnung.

Die Hilfskonferenzen helfen tatsächlich. Mein Innenblick wird durch Außenblicke ergänzt. Lottes Persönlichkeit ist vielseitig. Ihr Verhalten uns Eltern gegenüber jedoch nicht.

Die Fenster in unserem Besprechungsraum sind gekippt. Draußen blüht, ganz untypisch für Berlin, Lavendel. Wir trinken Sprudelwasser gegen die Hitze. In der Ferne ruft ein Kuckuck.

»Kommunikation«, sagt Frau Heist.

»Selbstbeschäftigung«, sage ich.

»Verweigerung«, ergänzt Lottes Einzelfallhelfer.

Die Tagesordnung füllt sich.

»Toilettentraining.« Sebastian nimmt seinen Fahrradhelm ab. Er fährt sich durch die nassen dunklen Haare.

Wir sitzen nebeneinander. Das ist vertraut und fremd zugleich. Häufig haben wir verschiedene Meinungen. In einem Punkt sind wir uns einig: Die Neuigkeit, dass Lotte ganze Sätze ohne Rechtschreibfehler tippen kann, macht uns stutzig. Wir vermuten guten Willen und Manipulation. So blöd können wir Eltern doch nicht gewesen sein. Wenn Lotte wirklich lesen, rechnen und schreiben kann, dann hätten wir das doch bemerken müssen. Vor meinen Augen wird ein Bild von Lotte gezeichnet, welches meinen bisherigen Sichtweisen von ihr nicht entspricht. Ich weiß, dass sie schlau und strategisch ist. Trotzdem habe ich Zweifel.

»Das verstehe ich«, sagt Frau Heist. »Ich würde an Ihrer Stelle genauso reagieren. In der Schule hat keiner mehr Bedenken. Die hat Lotte alle aus dem Weg geräumt.«

Auch die Kinder- und Jugendpsychiaterin ist überrascht. Obwohl sie meiner Tochter häufig mehr zutraut als ich.

Wir arbeiten uns durch alle Punkte der Tagesordnung durch. Mein Mund ist trocken. Das Sprudelwasser wird aufgefüllt.

Es gibt viele Menschen, die mir im Leben mit Lotte selbstlos und selbstverständlich helfen. Im Gegensatz zum Jugendamt setzen sich sowohl die Schule als auch Frau Doktorin Gutbrink vom Sozialpädiatrischen Zentrum dafür ein, dass wir so normal wie möglich ein Familienleben mit Lotte leben können. Da sind uns natürlich Grenzen gesetzt. Viele Unternehmungen kann ich mit den Kindern nicht alleine machen. Ich kann auch nicht mal schnell zum Supermarkt rennen und rufen: »Ich bin gleich zurück. Macht keinen Blödsinn in der Wohnung.« Meine Kinder können abends nicht unbeaufsichtigt in der Wohnung bleiben, obwohl sie bereits zehn und dreizehn Jahre alt sind. In anderen Familien beobachte ich, wie die Kinder langsam flügge werden. Lotte sitzt immer noch im Nest und wartet auf die Würmer. Natürlich gibt es auch für Lotte abendliche Kinderbetreuung. Die muss organisiert werden. Jedenfalls bin ich nicht spontan, wenn die Kinder bei mir sind.

»Lotte ist in der Pubertät«, sagt die Kinder- und Jugendpsychiaterin. »Sie schreibt nicht einfach ein paar Sätze auf dem Computer, weil die Eltern sich das wünschen. In der Schule fällt Ihrer Tochter das Schreiben leichter. Das liegt sicherlich auch an der Arbeitsstimmung im Klassenzimmer. Versuchen Sie, die Grenzen von Schule und zu Hause zu verwischen«, rät sie. Lotte sei Lotte. Und darauf müssten wir uns immer wieder einlassen.

Nach der Hilfskonferenz fahren Sebastian und ich gemeinsam mit dem Fahrrad durch den Park. Der Kuckuck ruft noch immer. Um uns herum wehen Blütenpollen. In meinem Kopf schmelzen schnöde Sichtweisen.

»Ich kann das nicht glauben«, sage ich zu Herrn Wunderlich.

»Lotte hat auf Anhieb mit mir geschrieben«, erzählt er. »Ich wusste gar nicht, dass Ihre Tochter das Schreiben auch verweigert.«

Herr Wunderlich hält eine große Tüte in der Hand. Wir stehen vor Lottes Klassenzimmer. Er ist Orthopädietechniker und versorgt Lotte mit Schienen und speziellen Handschuhen, damit das Schreiben trotz Spastik einfacher wird.

»Vielleicht haben Sie Angst?«, fragt er mich, als wir auf Lotte warten, die sich noch bei der AG Rollstuhltanz befindet.

»Wieso Angst?«, frage ich. »Seit Jahren wünsche ich mir einen Gedankenaustausch mit meiner Tochter.«

»Das ist sicherlich nicht leicht«, sagt Herr Wunderlich, »plötzlich zu erfahren, was die eigene Tochter denkt.«

Aber genau das will ich. Ich will nicht weiter an der Grenze zu Lottes Wunderland verharren. Ich wünsche mir, Lotte würde ein einziges Mal ihre Gedankenwelt Schublade für Schublade aufziehen, und ich dürfte einen Blick auf die zusammengefalteten Ideen werfen. Vielleicht würde sie mir gestatten, in den Körben vollgestopft mit Fantasien und Träumen zu wühlen oder über Regale mit ihrem wohlsortierten Humor zu streichen. Ich will endlich wissen, was Lotte sieht, wenn sie beim Essen in die dunkle Ecke starrt und winkt. Was Lotte bewegt, wenn sie plötzlich von Wut und Kummer erschüttert wird.

Nur für einen kurzen Moment fühlen, was sie fühlt. Und die Welt so sehen, wie Lotte sie sieht.

Mit mir schreibt Lotte kein einziges Wort. Auch dann nicht, wenn ich sie mit Versprechen und Verheißungen zu ködern versuche. Ihr Finger tippt wahllos auf Buchstaben und Zahlen. Sie bildet kryptische Wörter, deren Sinn ich nicht erfassen kann. Wundert sich Frau Hendriks nicht auch manchmal über Lottes Fortschritte? Ist es nicht erstaunlich, welche Fähigkeiten so lange unerkannt in meiner Tochter schlummerten? Und sollten diese Kompetenzen nicht jetzt bestmöglich gefördert werden?

Ich stehe im Hausflur vor den Briefkästen. In der Hand halte ich das ungeöffnete Schreiben des Jugendamtes. Neben mir ein Nachbar. Er trägt ein graues T-Shirt. Unter seinen Achseln klaffen dunkle Schweißflecken.

»Lotte kann schreiben«, rutscht es mir raus.

Eigentlich wollte ich noch nicht mit anderen darüber reden. Ich muss diese Neuigkeit selbst erst einmal verdauen.

Der Nachbar reagiert nicht, er überfliegt schweigend seine Rechnungen.

»Lotte kann schreiben«, wiederhole ich, »und sie macht keine Rechtschreibfehler.«

»Was?«, fragt er und hebt den Blick von seinen Zahlen.

»In der Schule schreibt sie Kurzgeschichten und beantwortet Fragen. Im Kopfrechnen ist sie Klassenbeste.«

Der Nachbar glotzt mich teilnahmslos an. Seine Gedanken scheinen sich mit anderen Themen zu beschäftigen.

»Ich dachte immer, Lottes Kopf sei leer«, sagt er schließlich.

Diese Äußerung bleibt kommentarlos zwischen uns stehen. Mein Nachbar öffnet den nächsten Briefumschlag. Dann verschwindet er im Fahrstuhl. Vielleicht hat er sich verabschiedet.

Ich stehe weiterhin vorm Briefkasten und träume vor mich hin. Von augengesteuerten Computerprogrammen, Lottes Autobiografie und einem Nobelpreis. Was wäre, wenn, frage ich mich. Wenn Lotte wirklich schreiben könnte …

Ich reiße den Brief von Frau Hendriks auf. Diesmal wurden die beantragten Stunden für die Einzelfallhilfe unserer Tochter nicht verringert, sondern gar nicht mehr bewilligt. Nicht eine einzige Stunde mehr. Ab diesem Jahr sollen wir die Kosten der Förderung selbst übernehmen. Und wir sind nicht die Einzigen im Bezirk, die sich der Berliner Sparpolitik fügen sollen. Aus Gesprächen mit anderen Eltern weiß ich, dass dieser Trend mittlerweile auch auf andere Bezirke übergreift. Wäre es nicht endlich an der Zeit, Eltern behinderter Kinder die Unterstützung zu gewähren, die sie tatsächlich brauchen? Trotz der Probleme mit dem Jugendamt arbeiten weiterhin engagierte Menschen zur Betreuung und Förderung von Lotte bei uns. Jetzt auf Honorarbasis. Unser Bedarf ist damit aber nicht gedeckt.

Ich scanne das Anschreiben ein, verschicke es per E-Mail an Sebastian und hefte die Ablehnung schließlich in den großen Aktenordner *Lotte Nummer sieben.* Diesen Ordner verstaue ich im Regal. Daneben stehen Kasimirs

Dokumente. Die passen alle in einen Hefter. Lottes Angelegenheiten nehmen Raum ein. Und damit ist Herr Doktor Möhring auch immer anwesend. Die Schadensersatzzahlungen der Versicherung setzen immer wieder aus. Vor allem, wenn die Sachbearbeiterinnen wechseln.

Wer ist hier eigentlich beschädigt? Verkehrte Welt. Müssten nicht wir Angebote für ein gutes Leben vorgelegt bekommen? Einen Katalog, in dem wir Lebensentwürfe ankreuzen, Hilfsmittel und Hilfskräfte uns aussuchen dürften. Gerne auch barrierefreie Wohnmöglichkeiten, ein freundliches Umfeld und Ferienbegleitungen. Können wir das Blatt nicht einmal wenden? Kann sich mal Herr Doktor Möhring bei uns für all die Unannehmlichkeiten entschuldigen?

Vor mir liegt Lottes Mitteilungsheft. Frau Heist hat etwas eingetragen. *Im Computer befindet sich eine Nachricht für Sie,* steht da mit Bleistift geschrieben. Und dann noch ein lachender Smiley. Ich fahre den Computer hoch und meine Gedanken runter. Sie enden sowieso nur wieder als Bollwerk gegen die Bürokratie. Ich stöbere in Lottes Dateien. Geheimnisse werden uns Eltern nicht übermittelt, sondern direkt wieder gelöscht. Nichts wird an uns weitergeleitet, was Lotte zu Hause nicht erzählen möchte. Das haben uns die Lehrerinnen mitgeteilt. Was Lotte über unsere Trennung geschrieben hat, weiß ich bis heute nicht. Das ist auch in Ordnung so. Auch Kasimir erzählt mir nicht von seinen Gesprächen in der Schule.

Ich öffne das Kommunikationsprogramm. Im Kalender am heutigen Tag befindet sich eine Mitteilung.

Ich möchte mich bei Mama entschuldigen, dass ich häufig unfreundlich zu ihr bin.

16

Nach einem hastigen Morgen biege ich mit dem Fahrrad von der großen Hauptstraße links in eine kleine Nebenstraße ein. Arm raus. Ich bin spät dran und darf nicht zu spät kommen. Mit einem lauten *kräh kräh* fliegt eine Dohle auf. Ich habe sie von den Resten eines platt gefahrenen Tieres verscheucht. Mein Schlafoberteil blinzelt unter dem Pullover hervor. Die Zeit war knapp. Vor dem Eingang der Schule stehen aneinandergereiht die letzten Schulbusse. Auf dem Bürgersteig rauchen die Fahrer. Ich haste vorbei, hebe kurz die Hand zum Gruß und stopfe meinen Schlafanzug zurück in die Jeans. Olaf, Lottes Fahrer, ist auch da. Er trägt eine neue Mütze. Wir nicken uns zu. Geredet haben wir bereits vor unserer Haustür. Sonst schmiere ich in der Regel Schulbrote für Kasimir und habe Zeit für eine kurze Dusche, wenn Lotte abgeholt ist. Nur mittwochs nicht. Dieser Morgen ist anders. Ich verlasse früher als Kasimir die Wohnung.

Im Foyer der Schule riecht es nach Hallenschwimmbad. Ich nehme zwei Stufen auf einmal. Durch eine Glastür gelange ich auf einen blauen Flur. Lottes Klassenzimmer liegt am Ende des Gangs. Ich gehe an Rollbrettern, Rollatoren und Rollstühlen vorbei. Lotte besucht die Oberstufe. *O8b* steht auf einem Schild neben der Tür. Der Tisch ist gedeckt und das Klassenzimmer leer. Regelmäßig darf ich einmal in der Woche Lottes Schulklasse besuchen. Das ist eine Ausnahme. Außer Sebastian und mir kommen keine anderen Eltern zum Frühstück.

Die Tür des Nebenraums öffnet sich.

»Frau Latscha ist da«, ruft Jan. Ein kräftiger Junge mit kurzen drahtigen Haaren gibt mir die Hand. Drei Jungen und zwei Mädchen begrüßen mich. Mascha geht wortlos an mir vorbei. Die Schokocreme auf dem Tisch scheint sie magisch anzuziehen.

Als Letzte kommt Lotte durch die Tür. Zusammen mit der Lehrerin. Langsam fährt Lotte den Rollstuhl zu ihrem Frühstücksplatz.

»Mama da«, sagt sie leise.

Kaum betrete ich Lottes Klassenzimmer, falle ich in eine andere Dimension. Die Landung ist weich. Hier gibt es keine Hektik. Sondern Zeit. Sonderbar. Sonderwelt.

Lotte stellt die Bremsen ihres Rollstuhls fest. Ich öffne den Beckengurt. Sie rutscht nach vorne, hält sich an der Tischplatte fest und steht auf. Ich tausche den Rollstuhl gegen einen Schulstuhl. Lotte setzt sich, schiebt den Po nach hinten und klatscht. Ich schiebe den Stuhl nach vorne an den Tisch heran. Fertig.

Viele alltagspraktische Bewegungen werden von Lotte mit Langsamkeit umgesetzt. Sich selbst einen Schuh und eine Socke auszuziehen bedeutet höchste Konzentration und eine Menge an vorüberstreichenden Minuten. Mit ihren Antworten ist es ähnlich. Manchmal werde ich von einem *Ja* oder *Nein* überrascht und kann mich nicht mehr an meine Frage erinnern. Die Spastik hemmt Lottes Bewegungen. Aber nicht, wenn Gegenstände auf dem Boden landen sollen oder sich Brillen, Mützen und Haarschöpfe in greifbarer Nähe befinden. Ob auch Lottes Gedanken langsamer sind, kann ich nicht beurteilen.

In der Schule ist alles anders. Lotte trinkt Tee statt Wasser. Sie lacht, anstatt zu brüllen. Und vor allem teilt sie ihre Gedanken, Ideen und Wünsche mit.

»Alle sitzen. Können wir anfangen?«, fragt Jan. »Ich habe Hunger.« Seine Hände wackeln hektisch durch die Luft.

Lotte ist Linkshänderin. Deswegen befinde ich mich links von ihr. So kann ich ihren Arm beim Schreiben halten.

»Guten Appetit«, sagt Frau Heist.

»Sprudelwasser, Sprudelwasser, Sprudelwasser«, sagt eine Stimme aus Maschas Talker. Maschas geflochtener Zopf schlängelt sich von hinten nach vorne in die Schokocreme, die sie sich fingerdick auf ihr Brot geschmiert hat. Mascha hält den Becher in ihrer Hand und klopft damit ungeduldig auf den Tisch. Wie Lotte kommuniziert sie über einen Computer. Der befindet sich neben ihrem Frühstücksteller und weist schon einige klebrig braune Spuren auf. Mascha schreibt nicht, sie drückt auf Symbolfelder. Das Computerprogramm übersetzt das gewählte Bild in Sprache. Über die Frühstücksseite können Getränke und Brotbeläge ausgewählt werden.

Jan steht auf. Er füllt eine Karaffe mit Leitungswasser und stellt diese auf den Tisch. Was Jan für eine Behinderung hat, weiß ich nicht. Über die Diagnosen wird in der Schule nicht gesprochen. Zumindest kann sich Jan normal bewegen. Das Aussprechen mancher Wörter fällt ihm schwer. Wochentage und Monate verwechselt er gelegentlich. Beim Frühstück kümmert er sich um die anderen Kinder in Lottes Klasse, die Hilfe brauchen.

»Sprudelwasser«, ertönt es erneut.

»Es gibt kein Sprudelwasser. Die Patrone ist leer«, erklärt Frau Grohn. Die gehört als pädagogische Unterrichtshilfe zum Klassenteam. Zusätzlich ist noch eine Betreuerin in Lottes Klasse. Heute muss sie in der Mittelstufe aushelfen. Dort ist der Krankenstand hoch.

Mascha brüllt. Sie will kein Leitungswasser. Das Brüllen anderer Kinder stört mich nicht.

Ich sitze neben Lotte und warte. Ihr Teller ist leer. Daneben steht der Computer. Die Tastatur befindet sich auf dem Bildschirm. Bisher noch unbenutzt.

»Hast du Hunger?«, frage ich meine Tochter.

»Ja«, antwortet sie.

»Dann schreib mir, was du essen möchtest.«

Lotte schiebt den Computer Richtung Tischkante. Sie streckt ihre Hand aus und zeigt auf die Marmeladen, Wurst- und Käseteller.

»Da«, sagt sie.

»Ich weiß nicht, was du meinst«, sage ich. »Schreib mir, was du auf dein Brot haben möchtest.«

Ich schiebe den Computer zurück in ihr Blickfeld.

Mehrmals tippt Lotte nur Leerzeichen. Dann Satzzeichen. Das Fragezeichen in meinem Kopf bleibt.

Sie findet das lustig. Ich nicht. Spucke tropft auf den Computer. Ich lasse ihren Arm los und wische mit meinem Ärmel über das Display.

Nachdem sie ihr ganzes Sortiment an Austricksereien verspielt hat, steuert ihr Zeigefinger zum Buchstaben *x*. Dann schreibt sie ein *y*, zweimal den Buchstaben *n* und ein *g*. Sie drückt die Sprachausgabe.

»Xynng«, sagt die emotionslose Frauenstimme.

»Das ist Quatsch«, sage ich genervt.

Ärgerlich zieht Lotte den linken Arm zurück. Die Finger landen in ihrem Mund.

»Lotte macht Blödsinn«, sagt Jan.

»Sprudelwasser«, sagt Mascha.

Die ganze Klasse lacht. Nur Lotte nicht. Sie schiebt ihren Stuhl nach hinten und will aufstehen.

»Ach komm«, versuche ich, sie zu besänftigen. »Ich höre doch, dass dein Magen knurrt.«

In der Schule liest Lotte Jugendbücher, ordnet den einzelnen Bundesländern die Hauptstädte zu und rechnet Aufgaben wie 485 minus 72 im Kopf.

Ich verbringe Vormittage mit Warten in der Schule, um am Ende nur sinnfreie Wörter zu lesen. Im letzten Zeugnis stand: *Beim Leseprojekt* Der Beschützer der Diebe *von Andreas Steinhöfel las Lotte Teile des ungekürzten Originaltextes sinnerfassend. Aufgaben zum Text bearbeitete sie meist zügig. Im Unterrichtsgespräch äußerte sie sich differenziert und vertrat gelegentlich eine kritische Meinung.*

Zu Hause steckt sich Lotte die Bücher in den Mund oder zerreißt einzelne Seiten. Manches ist schon im Klo gelandet. Und danach im Müll. Lotte brüllt vor Freude. Sie mag Bücher. Das ist offensichtlich.

Wenn ich abends vorlese, kommt Lotte sofort angekrabbelt. Sie wirft sich auf das Bett und kuschelt sich zwischen Kasimir und mich. Dann gähnt sie und schläft auf der Stelle ein. So ist es auch mit Filmen. Wenn ich frage, wer ins Kino gehen will, dann streckt Lotte noch vor Kasimirs Antwort die Hand in die Luft. Ist das Popcorn leer, schnarcht Lotte lauthals im Kinosaal. Noch nicht mal Fotos aus der Mongolei möchte sie sich mit uns angucken. Auch Tulgas Lächeln interessiert sie nicht auf Papier, sondern nur leibhaftig.

Ich weiß, in der Schule ist Lotte anders. Deswegen komme ich jeden Mittwochmorgen hierher. Alle sagen, Lotte kann schreiben. Das will ich auch erleben. Also, sprich jetzt mit mir! Langsam werde ich ungeduldig.

Was denkst du denn, Lotte?, brüllt es in meinem Kopf. Und manchmal platzt es aus mir heraus. Gerade dann, wenn Lotte wütend ist und ich sie nicht verstehe. Statt Wörtern haut sie mir den Computer um die Ohren.

Ich weiß nicht, wie sich das anfühlt, wenn ununterbrochen unausgesprochene Wörter im Kopf kreisen. Laute Wörter, die leise bleiben. Wünsche, die nicht in Erfüllung gehen. Weil niemand sie hört.

Ich an Lottes Stelle, ich würde darauf bestehen, dass der Computer immer an meiner Seite wäre. Ich würde meiner

Mutter Listen mit meinen Lieblingsgerichten und -songs schreiben. Ich würde ihr erklären, warum ich nachts schreien muss und Ausstellungen nicht leiden kann. Ich würde in die Tastatur hauen, weil es schwer ist, nichts alleine machen zu können und immer auf Hilfe angewiesen zu sein. Das Gefühl beschreiben, wie es ist, wenn der Körper sich nicht so bewegen lässt, wie ich es gerade bräuchte. Könnt ihr euch vorstellen, wie es sich anfühlt, wenn man wie ein Hund über den Kopf gestreichelt wird, anstatt wie ein Mensch begrüßt zu werden? Ich würde Wörter suchen, damit ihr mich endlich versteht. Anfangen zu schreiben und kein Ende mehr finden. Ungefiltert. Ich würde mitteilen, dass ich die Gespräche über Wohneinrichtungen nicht mag. Und meiner Mutter sagen, dass sich meine Langsamkeit nicht mit ihrer Schnelligkeit kompensieren lässt. Meinem Vater, dass er nicht mit anderen über meine Verdauung reden soll. Das ist mir peinlich. Meine Großmama würde ich bitten, dass sie mich jede Woche besuchen kommt. Weil ich so gerne mit ihr Quatsch mache. Und rülpsen darf. Kasimir könnte ich sagen, dass er der tollste DJ der Welt ist. Seinen Musikgeschmack finde ich super. Und zu allen anderen würde ich sagen, glotzt nicht so. Und außerdem wünsche ich mir einen großen Hund.

Ist es das, was du denkst, Lotte?

»Dürfen wir aufstehen?«, fragt Jan. Wie fast alle anderen hat auch er sein zweites Brot aufgegessen.

»Wartet noch. Wir beenden das Frühstück immer um neun Uhr«, erklärt Frau Heist. Mascha steckt zum dritten Mal ihre Finger in das Glas der Schokocreme.

»Igitt!«, rufen alle, die das sehen.

Jan zieht das Glas zu sich heran und schraubt den Deckel darauf. Ich sitze immer noch neben Lotte und trinke Tee. Jetzt knurrt auch mein Magen. Der große Zeiger der

Tierstimmenuhr nähert sich der zwölf. Lotte dreht ihren Kopf nach rechts und ihre Augen nach links. Sie fixiert den Bildschirm.

»Mama da«, sagt sie.

Ihr Zeigefinger gleitet über die Buchstaben. Beim *F* bleibt sie stehen. Ich denke, Fleischwurst. Wie immer. Aber Lotte drückt das *r*. Blödsinn, denke ich. Dann geht sie zum *i*. Ich verzweifle. Jetzt drückt Lotte die Sprachausgabe.

»Frischkäse«, sagt die Computerstimme.

»Gibt es nicht«, sagt Jan.

»Sie meint bestimmt den Kräuterquark«, erkläre ich.

»Kikeriki«, sagt die Wanduhr.

Geile Welt

Eines Nachmittags klingelt es bei uns. Wir erwarten keinen Besuch. Und auch kein Paket.

»Papa?«, fragt Lotte.

»Zu Papa geht ihr erst am Montag«, sage ich.

Kasimir drückt den Türöffner. Es summt. Ein junger Mann erscheint im Treppenhaus. In seiner linken Hand hält er einen Geigenkoffer. In seiner rechten bunte Papierblumen.

»Salut, bin ich hier richtig?«, fragt er mit französischem Akzent. Er streckt uns blaue und gelbe Blumen entgegen.

»Wo wollen Sie denn hin?«, frage ich.

»Zu Lotte«, antwortet er und grinst.

»Zu Lotte? Da sind Sie richtig. Aber woher kennen Sie meine Tochter?«, frage ich irritiert.

»Ça c'est une longue histoire. Ich kenne Ihre Tochter nicht. Gestern Abend nach meinem Konzert … und dann sagte mein Bekannter, er kenne ein junges Mädchen, das sich sehr über ein kleines Hauskonzert freuen würde. Und da mir der Name Lotte auf Anhieb gefiel, habe ich spontan zugesagt. Deswegen stehe ich jetzt hier in Ihrem Eingang. Darf ich reinkommen?«

Ich lache und trete zur Seite. Lotte streckt ihre Hand aus, und Kasimir stellt die Blumen in eine Vase.

Der Geigenspieler zieht seine Schuhe aus und läuft ins Wohnzimmer.

»Warum spricht der Mann so komisch?«, flüstert mir Kasimir ins Ohr.

»Weil er aus Frankreich kommt«, antworte ich.

»Arthur«, stellt der Mann sich vor.

»Julia«, sage ich. »Und das ist Kasimir.«

Arthur öffnet seinen Geigenkasten. Zum Vorschein

kommt eine haselnussbraune Violine. Aber nicht irgendeine, sondern eine Stradivari. Ehrfürchtig streichen wir über die Saiten. Lotte küsst die Schnecke am Geigenhals und hinterlässt ihre Spucke.

»Kein Problem«, sagt Arthur und zieht ein Seidentuch aus dem Kasten. Er wischt die Spucke weg.

»Wollt ihr Musik?«, fragt er.

»Ja«, ruft Lotte und klatscht erwartungsvoll in die Hände.

Musik ist Lottes Lebenselixier. Nichts bereitet ihr so viel Freude. Es gibt Töne, die fließen durch ihren ganzen Körper und springen Trampolin auf ihrem Trommelfell. Lottes Musikgeschmack ist kunterbunt. Sie mag Kinderlieder, Popsongs, Rock und Rap Musik. Manchmal auch Klassik.

Arthur schmiegt sein Kinn auf das Kinnbrett, setzt den gespannten Bogen an und streicht über die Saiten. Sanfte, helle Töne erklingen. Er beginnt mit Bach. Sein Bogen rennt über die vier Saiten. Sein Spiel wird lauter. Lotte löst die Bremsen ihres Rollstuhls und verlässt den Raum. Ich laufe hinter ihr her und schimpfe.

»Das kannst du doch nicht machen. Komm zurück!«

Arthur hält inne und beobachtet uns. »Lass sie«, sagt er besänftigend. »Das stört mich nicht. Lotte muss meine Musik nicht mögen.«

»Dann gehe ich auch in mein Zimmer«, sagt Kasimir und verschwindet.

Lotte schlägt ihre Zimmertür zu und brüllt. Ich setze mich genervt aufs Sofa. Ich hatte eine andere Reaktion meiner Kinder erwartet. Wann bekommen wir schon mal Besuch von einem berühmten Geigenspieler? Ich hatte bis heute noch nie eine Stradivari anfassen dürfen.

Arthur streicht Kolophonium über die Haare seines Geigenbogens, setzt die Violine wieder ans Kinn und spielt. Ein melancholisches Stück erklingt. La Méditation de Thaïs *von Massenet. Tiefe tragende Töne schweben durch die Wohnung. In Lottes Zimmer ist es still geworden. Als Erster kommt Kasimir zurückgeschlichen und setzt sich neben mich. Und nach einer Weile steckt auch Lotte den Kopf durch den Türspalt ihrer Tür. Ganz langsam fährt sie ihren Rollstuhl zurück ins Wohnzimmer. Lotte stellt sich direkt vor den Musiker und die Bremsen ihres Rollstuhls fest. Ihr Kopf hängt nach unten. Die Finger ihrer linken Hand wippen. Plötzlich hebt sie den Kopf und schluckt geräuschvoll die Spucke hinunter. Mit ihren Armen rudert sie durch die Luft. Lotte ergänzt die Bewegungen des Geigenspielers. Sie summt eine Melodie. Kasimir setzt sich auf die Cajón-Box. Seine Finger imitieren den Regen, der auf unseren Balkon prasselt. Verregnete Nachmittage werden bei uns regelmäßig mit Musik überbrückt. Manchmal klingelt es genau an so einem grauen Tag an der Haustür. Die Postbotin bringt ein Päckchen für Lotte oder Kasimir vorbei. Lotte freut sich, wenn wir neue CDs auspacken. Kasimir ist glücklich über Lakritze und Gummibärchen, die die Großmama uns immer wieder schickt. Wenn es draußen in Strömen regnet, schalten wir drinnen die Lichter aus und die Diskokugel an. Wir ziehen die Vorhänge vor den trüben Nachmittag und kauen tanzend süße Lakritze. Heute ist kein normaler Nachmittag. Arthur steht in der Mitte unserer Wohnung und spielt jetzt eine Violinsonate von Mozart. Lotte ist begeistert. Als der letzte Ton ganz verklungen ist, packt Arthur seine Geige zurück in den Kasten.*

»Ich muss schnell los«, sagt er. »Meine Probe beginnt in zwanzig Minuten.«

Wir stehen zu dritt an der Wohnungstür und winken, bis sich die Fahrstuhltür ganz geschlossen hat.

17

Lottes Tränen spritzen von innen gegen die Fensterscheibe. Ihr Mund formt sich. Sie sagt etwas. Ich höre nichts, sehe aber, dass sie *Mama* ruft.

»Mama, lass uns gehen«, bettelt Kasimir. »Ich halte das nicht aus.«

»Wir sollen warten, bis der Bus abgefahren ist«, erkläre ich. »Damit Lotte versteht, dass sie wegfährt und wir hier bleiben.«

Unerträglich. Auch für mich. Seit acht Uhr stehen wir am Ostbahnhof. Jetzt ist es kurz nach zehn. Sebastian musste ins Büro. Auch er trennt sich nur schwer von seiner Tochter.

Die ersten Jugendlichen sind bereits eingestiegen. Dieses Jahr sind unter den sechzig Teilnehmenden sechs mit einer Behinderung. Rollstühle und andere Hilfsmittel werden in einem Anhänger verstaut. Einige Jungen und Mädchen stehen noch vor dem Bus, rauchen und verabschieden sich von ihren Eltern.

Seit vier Jahren fährt Lotte im Sommer auf eine Ferienreise. Der Abschied ist jedes Mal tränenreich. Die letzten Jahre ist Lotte mit den Jüngeren nach Brandenburg gereist. Ab diesem Jahr gehört sie zu den Großen.

Lotte klopft gegen die Fensterscheibe. Sie winkt. Und brüllt. Kasimir lässt meine Hand los und rennt in den Bus. Er drängelt sich zu seiner Schwester durch. Nimmt sie in den Arm und will sie nicht mehr loslassen. Jeden Sommer fällt uns das schwer. Schon vor der Abreise wird Lotte unruhig. Noch unruhiger als sonst, wenn wir in die Ferien fahren. Wahrscheinlich ist sie irritiert, weil ich nur eine Reisetasche packe. Wir reden über die anstehende Zeit. Lotte reagiert nicht. Bereits am Abend vorher will sie nichts mehr essen. Die Nacht ist chaotisch und der Morgen dann hektisch.

Ich habe ein schlechtes Gewissen, Lotte ohne ihr Einverständnis auf diese Reise zu schicken. Sie kann mich nicht anrufen, wenn sie Heimweh hat. Zwei Wochen lang hören wir nichts voneinander. Außer im Notfall. Aber der ist zum Glück auf den Ferienfahrten noch nie eingetreten.

Während Lotte im Bus das Gesicht trocken gewischt bekommt, verschlucke ich mich an meinen stillen Tränen. Ich könnte Pfützen damit füllen. Obwohl ich weiß, dass Lotte Spaß haben wird. Jedes Mal kommt sie lachend zurück. In ihrem Rucksack stecken Briefe von ihren Zimmergenossinnen. Lobhymnen auf unsere Tochter. Niemand will sie dort missen.

Das ist nicht auf allen Reisen so. Gruppenreisen, die ausschließlich für Kinder mit einer Behinderung angeboten werden, machen Lotte traurig. Aber nur deswegen, weil Lotte darauf angewiesen ist, dass Menschen auf sie zukommen und sie beim Spielen einbinden. Wenn die anderen Jugendlichen auch nicht in der Lage sind, auf unsere Tochter zuzugehen und mit ihr zu reden, dann hat Lotte Heimweh. Sie fragt ununterbrochen nach Mama und Papa. Und weint viel. Lotte will nicht ausschließlich nur in ihrer Welt sein. Deswegen braucht sie andere Kinder, am besten gleichaltrige Jugendliche, die sie animieren, sie mitreißen.

Der Bus hat sich noch kein Stück vorwärtsbewegt. Zwei Polizistinnen führen eine Sicherheitskontrolle am Fahrzeug durch. Die Reise wird lang. Das Ziel ist Dänemark. Die Ferienunterkunft befindet sich direkt am Meer. Von früh bis spät gibt es Programm. Ein Team von dynamischen jungen Männern und Frauen in orangefarbenen T-Shirts laufen um den Bus herum.

»Ihre Tochter wird bestimmt aufhören, sobald wir losfahren«, versucht mich eine junge Frau zu beruhigen.

»Das weiß ich«, sage ich und schlucke.

Lotte reißt ihr Namensschild vom Pullover und klatscht es gegen die Fensterscheibe. Auch ihre Frisur sieht zerrupft aus. Sie weint weiterhin.

»Ist das der Bus zum Festival?«, fragt mich ein langer, schlanker Mann mit Rasta-Zöpfen.

Unter seinem Arm klemmt eine Gitarre.

»Leider nicht«, sage ich. Und denke: Das würde Lotte bestimmt auch gefallen.

Ich bin als Jugendliche gerne mit anderen verreist. Regelmäßig musste ich zu Hause anrufen. Briefe habe ich auch geschrieben, nicht immer wahrheitsgemäße. Aber meine Eltern wussten, ob es mir gut oder schlecht ging. Und wenn die Gruppe mal nicht so toll war, dann wusste ich, dass dies kein Dauerzustand sein würde. Weiß Lotte, dass sie nur in den Urlaub fährt? Lotte kann schreiben, aber sie schreibt mir nicht. Nicht eine E-Mail aus den Ferien erreicht mich.

Liebe Mama,
Leonie kann Kopfstand. In der Nordsee gibt es keine Nilpferde. Der Sand kitzelt zwischen meinen Fußzehen.
Liebe Grüße
Deine Lotte

Das würde mir helfen. Aber auf dieser Fahrt kennt fast niemand Lotte und noch weniger ihre Eigenheiten. Und vor allem nicht das Computerprogramm. Und Lotte ist eben Lotte. Sie schreibt nicht mit jedem. Noch nicht.

Zu Lottes Geburt haben wir ein Horoskop geschenkt

bekommen. Horoskope haben etwas Magisches: Man glaubt nicht an sie, aber lesen muss ich sie doch. Auf jeden Fall steht dort als Überschrift zu dem Kapitel ihrer prägnanten Wesensmerkmale: *Bleibt nah bei mir!*

Und genau das möchte ich jetzt machen. Mich in ihre Arme werfen. Ihr tröstend über den Rücken streichen. Meinen Kopf gegen ihren lehnen. Und vor allem Lotte erklären, dass ich trotz räumlicher Distanz immer bei ihr bin. Die meiste Zeit an sie denken werde. Und mich schon jetzt auf ihre Rückkehr freue. Ich möchte ihr erklären, dass die Zeit in Dänemark schneller vorübergehen wird, als sie sich vorstellen kann. Und dass es besonders schön ist, sich zu vermissen, denn am Ende wartet auf uns das Wiedersehen.

All das habe ich ihr natürlich schon gesagt. Deswegen stürme ich jetzt nicht in den Bus. Sondern winke. Und werfe meiner abfahrenden Tochter Luftküsse hinterher.

»Denk nicht daran«, sagt Kasimir, als ich zu Hause den Abschiedsschmerz wieder hervorwühlen will. »Lotte hat jetzt bestimmt längst aufgehört zu weinen. Und ich brauche auch mal eine Pause von meiner Schwester.«

Wir packen unsere Badesachen und fahren zum See. Lange Zeit ist es still. Irgendetwas fehlt immer. Diesmal mein Handtuch. Und sogar ein bisschen auch das Gebrüll von Lotte. Kasimir und ich liegen im Sand. Unsere Füße spielen mit den feinen weißen Körnchen. Vor uns hüpft eine Schafstelze mit zierlichen Schritten am Wasserlauf entlang. Sie singt ein *Tschi Tschi Tschik*. Ihr Bauch leuchtet sonnengelb. Wir rekeln uns, springen ins Wasser und lesen ein Buch. Die Zeit verstreicht und verringert den Schmerz.

Dass Kasimir in unser Leben kam, empfinde ich als großes Glück. Die ersten Jahre war er still und angepasst. Heute ist er ein liebevoller, lauter und immer wieder auch frecher Junge. Er kennt seine Wünsche, ist ein Profi im Verhandeln und Streitschlichten. Ein nachdenkliches Kind, das Probleme nicht umschifft, sondern Sturmsegel hisst, wenn ein Unwetter aufzieht. Auch in der Schule eckt er gerne mit anderen an. Wenn dort außergewöhnliche Elterngespräche anstehen, ertappe ich mich bei dem Gedanken, dass weitere Sorgen in meinem Leben keinen Platz haben. Ich weiß, dass das falsch ist. Und zum Glück ist Zeit dehnbar. Auch meine Nerven werden immer elastischer. Alles kommt anders als gedacht. Auch Kasimir darf Themen haben. Glücklicherweise fordert er die Aufmerksamkeit ein, die ihm zusteht. Und jetzt sind Ferien. Wir freuen uns beide über die gemeinsame Zeit, ohne Wenn und Aber. Vor allem auf den Frieden am Morgen. Lotte schläft mittlerweile nachts wieder häufiger durch. Dafür kann sie nicht ausschlafen. Wenn sie wach ist, muss das Leben losgehen. Ohne Kompromiss. Und das ist vor dem Vogelgezwitscher.

»Manchmal wünsche ich mir eine Schwester, mit der ich ganz normal spielen und streiten kann«, sagt Kasimir, während er müde in die Sonne blinzelt. »Warum hast du nicht noch mehr Kinder bekommen?«, fragt er mich.

»Das frage ich mich auch immer wieder«, antworte ich.

Ich bereue wenig in meinem Leben. Aber dass Kasimir und Lotte keine weiteren Geschwister haben, schon.

»Irgendwie habe ich mir das nicht zugetraut, als ihr klein wart«, antworte ich.

»Nicht schlimm«, sagt Kasimir. »Dafür musst du jetzt mit mir Federball spielen, danach Fangen und Eis essen gehen«, ruft er, springt auf und steht mit gezückten Schlägern vor mir.

Wie gut, dass sich unsere Bedürfnisse so ähneln, denke ich. Zumindest manchmal.

18

Eines Tages – bisher gefühlt in unerreichbarer Ferne – werden Lotte und Kasimir nicht mehr bei mir wohnen. Eigentlich ganz normal. Aber darauf muss ich mich gründlich vorbereiten. Noch ist das für mich unvorstellbar: kein Alltagswahnsinn, keine Ausreden und kein kurzer Atem. Dafür lange Nächte. Langes Gesicht. Hoffentlich auch mal wieder Langeweile. Ich bin neugierig. Und beginne mit meiner Suche nach einer Zukunft.

Die Recherche im Internet zeigt, dass es deutschlandweit eine große Auswahl an Einrichtungen für junge Menschen mit Verhaltensauffälligkeiten und Behinderungen gibt. Ich klicke mich durch die Seiten, suche nach Bildern von glücklichen Kindern und Jugendlichen, die nicht mehr zu Hause leben. Es gibt genügend Gründe, warum sich Eltern oder das Jugendamt für eine stationäre Unterbringung von Kindern entscheiden. Es existieren aber mindestens genauso viele Gründe, warum Lotte in ihrer Familie bleiben sollte. Das spart nicht nur Kummer, vor allem auch Kosten für das Jugendamt. Zumindest sollte man das meinen. Dass Lotte als Erwachsene woanders leben wird, bereitet mir keine Sorgen. Das fühlt sich gut an, auch wenn ich diesen Ort noch nicht gefunden habe. Ich werde Lotte nicht auf Dauer pflegen können. Auch heute schon täte es unserem Verhältnis gut, wenn ich statt Pflegerin auch mal nur Mutter sein könnte.

Manchmal spiele ich mit dem Gedanken, was wäre, wenn Lotte heute schon ausziehen würde. Auf jeden Fall wäre es für mich einfacher, wenn Lotte diesen Wunsch selbst äußerte. Stattdessen ist es meine Erschöpfung, die mich zu den Überlegungen drängt.

»Vielleicht schreit Lotte nach einem anderen Leben«, meinte neulich meine Nachbarin, die uns im Treppenhaus traf.

Aus wieder einmal unergründlichen Gründen hatte Lotte begonnen zu schreien.

»Vielleicht würde sie sich woanders wohler fühlen«, sagte die Nachbarin.

Bei diesen Worten hielt Lotte kurz inne. Und dann brüllte sie besonders laut.

»Aber so viel Liebe wie bei uns bekommt sie nirgendwo anders«, antwortete ich.

Oder will ich ihren Schrei nach Veränderung nicht hören?

Theoretisch ist es eine Option, dass Lotte in einer Einrichtung oder in einer Wohngruppe lebt. Auch jetzt schon. Meine Liebe würde nicht weniger werden, nur der Stress. Neue Möglichkeiten stünden am Horizont. Wir würden uns gegenseitig besuchen. Uns auf Familienfeste freuen. Und die Ferienzeiten für Gemeinsamkeiten nutzen. Kaum konkretisiert sich dieser Gedanke, werde ich vom Kummer überrollt. Das Loslassen fällt mir schwer. Lotte ist noch ein Kind. Mein Kind. Unser Kind.

»Ich hoffe, die Fahrt war nicht zu lang«, begrüßt mich Frau von Oehrlen, die Leiterin der Kinder- und Jugendeinrichtung. Sie trägt akkurat aufgetragenen Lippenstift. An ihren Ohren baumelt langer Schmuck.

»Berlin liegt quasi um die Ecke«, antworte ich.

Zumindest mit dem Zug. Ich bin von Berlin ein Stück in den Norden gereist. Weiß blühende Rhododendronbüsche stehen im Garten. Wir schütteln uns die Hände, bevor ich vor dem Sprossenfenster in einem Ledersessel versinke.

Aus einer Thermoskanne gießt die Leiterin Tee in die Tassen. Dazu schiebt sie einen Teller Kekse über den Tisch. Ich stecke mir ein Schokoröllchen in den Mund. Die klassische Konferenzmischung. Dann geht die Tür auf, und eine Frau mit kurzen grauen Haaren betritt den Raum.

»Matthiesen. Wir haben telefoniert.« Die stellvertretende Einrichtungsleiterin stellt sich vor.

»Jetzt sind wir komplett«, sagt Frau von Oehrlen. »Erzählen Sie uns von Ihrer Tochter.«

Bereits im Winter hatte ich begonnen, mir Einrichtungen für Kinder und Jugendliche mit Behinderung anzuschauen. Ich will wissen, wovon das Jugendamt spricht, wenn die uncharmante Formulierung *stationäre Unterbringung* fällt. Deswegen sitze ich heute in dem dunkel getäfelten Raum, während draußen die Sonne scheint. Seit ein paar Tagen ist Frühling. Ein blau schimmernder Eichelhäher landet vor dem Fenster. Während ich spreche, höre ich seine typischen sägenden *dchää-dchää*-Rufe.

Hier ist es schön, denke ich während einer Erzählpause. Beide Frauen nicken trotz Stille weiter mit dem Kopf. Und schauen mich erwartungsvoll an. So häufig habe ich schon unsere Geschichte erzählt. Trotzdem fällt es mir schwer, kein schlechtes Gewissen zu bekommen, wenn ich erkläre, dass die tägliche Pflege meiner Tochter für mich mittlerweile nicht nur körperlich eine Herausforderung ist. Heben, tragen, Windeln wechseln, waschen, anziehen, kämmen, füttern, Zähne putzen und wieder heben, tragen und Windeln wechseln. Und das schon seit vierzehn Jahren.

»Ja, verstehe«, sagt Frau von Oehrlen immer dann, wenn meine Stimme bricht und ich kurz innehalte. Dabei blickt sie zustimmend in den ihr gegenüberliegenden Spiegel.

Ich erläutere, dass meine Entscheidung noch nicht gefallen sei. Und ich mir nur einen Überblick verschaffen wolle.

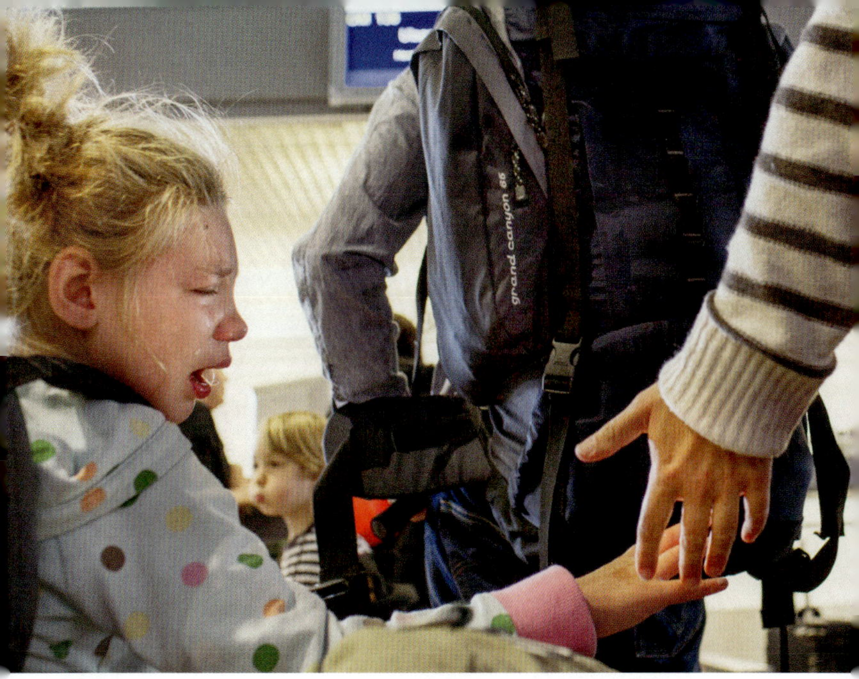

Oben: Abflug ins Ungewisse:
Am Flughafen kurz vor der Abreise in die Mongolei.
Unten: Eine Propellermaschine bringt uns von Ulan-Bator
weiter nach Mörön im Norden der Mongolei.

Oben: Eine besondere Verbindung:
Lotte und Tulga unterwegs in der mongolischen Taiga
Links oben: In unserer Jurte fühlt Lotte sich auf Anhieb wohl.
Links unten: Zu Besuch im Zelt der Nomaden:
ganz rechts der Schamane Ganbaa, rechts neben Sebastian
und Lotte sitzt Tulga, unser mongolischer Reisebegleiter

Oben: Immer wieder begegneten wir Schaulustigen, für die Lotte eine Attraktion war – und umgekehrt. Links oben: In Tulgas Nähe ist Lottes Welt in Ordnung. Links unten: In der Weite der mongolischen Landschaft darf Lotte ihre Wut rauslassen.

Oben: Unsere Mongolei-Reise änderte meinen Blick auf unser Leben: Statt Einschränkungen sah ich auf einmal die Vielzahl an Möglichkeiten.

Oben: Abends am Lagerfeuer waren wir alle erschöpft und glücklich.

Frau von Oehrlen löst den Blick von ihrem Spiegelbild, streift sich die Krümel vom Rock und schaut mich an.

»Ich kann Sie beruhigen«, sagt sie. »Das Loslassen fällt den meisten Eltern schwerer als den Kindern. Sie werden sich an Ihr neues Leben gewöhnen. Das garantiere ich Ihnen.«

Die Leiterin steht auf.

»Vielen Dank für das Gespräch«, sagt sie. »Ich muss jetzt zu einem weiteren Termin. Frau Matthiesen wird Sie durch unsere Räumlichkeiten führen. Ich hoffe, von Ihnen zu hören.«

Ein letzter Blick in den Spiegel und Frau von Oehrlen verschwindet.

Im Grunde genommen ähneln sich alle Einrichtungen, die ich besichtige. Aber diese ist anders. Sie wird von einer Stiftung getragen. Das sieht man dem Haus und dem Inventar an. Frau Matthiesen beschreibt das heilpädagogische Angebot. Sie zeigt mir eine Wohngruppe, die Zimmer und den großen Fernseher im Gemeinschaftsraum. Um diese Uhrzeit befinden sich die Kinder in der Förderschule.

»Ihre Tochter ist anders als die Jugendlichen hier.«

Wir spazieren durch den Garten. Ich berichte von Lottes Lese- und Schreibfähigkeit, von ihrem Drang, eingebunden zu sein, unterhalten zu werden, nach Abwechslung und Unternehmungen.

»Unsere Kinder können nicht kommunizieren. Die Pflege und Alltagsroutine steht im Vordergrund. Auch an den Wochenenden«, sagt sie. Ausflüge würden nur sehr selten stattfinden. Und diese müsste ich für meine Tochter selbst organisieren.

»Und was ist mit Teilhabe am gesellschaftlichen Leben?«, frage ich trotzig.

»Das können wir nicht leisten«, erklärt Frau Matthiesen. »Kein Kind muss bei uns leiden. Die Jungen und Mädchen bekommen das gar nicht mit. Wenn Ihnen dieser Aspekt wichtig ist, könnte ich für Ihre Tochter Kontakte in der Schule oder mit dem Pflegepersonal arrangieren.«

Auf dem Rückweg nach Berlin bläst mir im ICE die Klimaanlage ihren kalten Atem entgegen. Grün. Gelb. Grün. Grün. Ich lehne meinen Kopf gegen die Fensterscheibe. Ein Windrad unterbricht die monotone Landschaft. Trotz Sonnenschein wickle ich mir einen Schal um den Nacken. Ich krame in meinem Rucksack und fische die Post heraus, die ich morgens aus dem Briefkasten geholt hatte. Ein paar Rechnungen, kein Schreiben vom Jugendamt. Dafür die Bewilligung zur Schulwegbeförderung für Lotte im nächsten Schuljahr. Immerhin. Eine Baustelle weniger. Zwischen den Briefen rutscht eine Postkarte hervor. Sie ist an Lotte adressiert.

Es grüßt euch das Lourdes-Team der Malteser, steht da handschriftlich geschrieben. *Wann pilgert ihr wieder nach Lourdes?*

Ich drehe die Postkarte um. Die Jungfrau Maria. Sie trägt ein weißes Kleid mit türkisfarbener Schärpe. Ihre Hände sind zum Gebet vor ihrer Brust verschränkt. Fromm blickt sie Richtung Himmel. Lourdes ist ein Ausnahmezustand, denke ich ärgerlich. Die Realität sieht ganz anders aus. Trostlos. Und vor allem lieblos, wenn ich an all die Menschen denke, die aus unserem Leben rausfallen. Bodenlos in der Sonderwelt versinken, wenn sie keine Stimme haben. Oder nicht gehört werden.

»Kinder wie Lotte ziehen nicht aus eigenen Stücken von zu Hause aus«, erklärte mir die Leitung einer Kinder- und Jugendeinrichtung in Berlin. »Der natürliche Abnabelungsprozess fehlt. Deswegen müssen die Eltern diese Entscheidung treffen. Frühzeitig, damit die Kinder die

Möglichkeit haben, sich an ein neues Umfeld anpassen zu können.«

Die Wohngruppen, die ich besichtige, sind hell und freundlich. Auch das Personal gefällt mir meistens gut. Und was, wenn Lotte sich mit den Erwachsenen dort nicht versteht? Wenn sie lieber von Elisabeth als von Gertrud aufs Klo begleitet werden will? Oder wenn sie nicht mit Sophia in einem Zimmer zusammenwohnen kann, weil sie deren Musikgeschmack doof findet? Darf Lotte ihr eigenes Leben mitbestimmen, sofern sie es kann?

»Geschlossene Systeme müssen irgendwann kollabieren«, hatte Frau Matthiesen mir erklärt. Ich dürfe kein schlechtes Gewissen haben. Familienstrukturen seien generell eine Herausforderung, vor allem mit schwer behinderten Kindern.

In Gedanken nickt mir der allwissende Pädagoge zu. *Siehst du,* scheint er zu sagen. Ich höre auch all die anderen Ratschläge in meinen Ohren bimmeln. Meine Zweifel werden immer größer. Wem tue ich eigentlich einen Gefallen, wenn ich mich für diesen Weg entscheide? Lotte? Unserer Familie? Dem Jugendamt? Der Gesellschaft oder mir?

Ist das Ganze nicht wieder ein Systemfehler? Error, schreie ich den Besserwissern ins Gesicht. Und wer behebt nun das Problem? Damit aus überforderten Eltern wieder lebensfrohe und mutige Väter und Mütter werden. Wer behindert hier eigentlich wen? Ich denke an die Worte der Frau aus dem Café. An Portugal. Und wieder an Lourdes. Normalität ist nur Ansichtssache. Eine Frage der Perspektive. Ich habe schon häufig von Orten geträumt, an denen Menschen mit und ohne Behinderung selbstverständlich zusammenleben. Gegenseitige Hilfe und gemeinsame Freizeitgestaltung gehören zum Alltag. Das bedeutet vor allem Rücksichtnahme, Offenheit und Neugierde auf ein buntes und abwechslungsreiches Leben. Kann ich Lottes und unsere Zukunft selbst gestalten? Wahrscheinlich werde ich wieder mehr Lust auf meinen Alltag haben, wenn ich aus der Perspektivlosigkeit eine echte Perspektive erwachsen lasse. Dazu brauche ich Kraft, einen langen Atem und vor allem andere motivierte Menschen, die genau diesen Weg auch gehen wollen.

Auch die versöhnlichen Abschiedsworte von Frau Matthiesen können meine Entscheidung nicht mehr beeinflussen.

»Sollten Sie sich doch für unsere Einrichtung entscheiden, wir werden Ihr Kind lieben.«

Ich will mehr als das.

Alles neu

Die Aufzugtür öffnet sich, obwohl ich auf die Vier gedrückt habe. Irgendwas scheint in der Lichtschranke zu hängen.

»Du musst dich auf Lottes Schoß setzen«, sage ich zu Kasimir. »Der Fahrstuhl ist noch kleiner als unserer.« Wir müssen uns quetschen, um zu dritt samt Rollstuhl und Rucksack hineinzupassen. Immerhin funktioniert er. Die Tür schließt mit einem summenden Geräusch. Es ruckelt. Wir fahren nach oben. Auf eine Geburtstagsparty von meiner Freundin.

Es ist früher Abend, und wir sind die ersten Gäste. Das ist gut. Lotte braucht Zeit, um sich an die neue Umgebung zu gewöhnen. Und die Gastgeber benötigen ebenfalls einen Moment, um sich an uns zu gewöhnen. Statt die Hand zur Begrüßung zu reichen, schiebt sich Lotte diese in den Mund. Sie ärgert sich. Lotte will nicht bleiben. Dafür Kasimir. Die langen bunt gedeckten Tische gefallen ihm. Ein Empfang findet auf der Dachterrasse statt. Lotte und ich bleiben auf dem Sofa sitzen. Sie brüllt. Ich lache. Und versuche, entspannt zu bleiben. Die anderen sind freundlich, hilfsbereit und unsicher. Das bin ich auch. Nie weiß ich im Voraus, ob so ein Abend gelingen wird. Wer weiß das schon? Viele Menschen klingeln und kommen in die Wohnung. Wir sitzen auf dem Sofa. Ich lächle. Lotte winkt. Sie darf Musik hören. Bekanntes beruhigt sie. Kasimir rennt mit den anderen Kindern durch die Wohnung. Er fremdelt nicht.

Auf jedem Tisch stehen kleine Vasen. Wilde Wiesenblumen. Lotte sitzt neben mir. Sie braucht beim Essen Hilfe.

Die Blumenvase ergießt sich auf mein Kleid.

»Oje«, sagt meine Sitznachbarin und organisiert ein Handtuch.

»Nicht schlimm«, sage ich. »Es ist ja nur Wasser und Sommer.«

Lotte gefallen die Vorspeisen. Sie stopft sich schwarze Oliven in den Mund. Und gleichzeitig Kirschtomaten. Die weiße Tischdecke verfärbt sich bunt. Aber nur um Lottes Teller herum.

»Mehr«, sagt sie und zeigt auf die kleinen Schälchen, die vor ihr stehen. Lauthals teilt sie allen mit, dass sie Gefallen an dem Essen findet. Auch denjenigen, die sich lieber weiter unterhalten hätten. Alle lächeln verlegen. Oder kauen stumm in unsere Richtung. Meinem Impuls, mich zu entschuldigen, gebe ich nicht nach. Ich will das nicht mehr. Wofür auch? Für Lottes direkte Art?

Lotte und ich sind beim Essen sehr beschäftigt. Ich halte ihren Arm, helfe beim Aufspießen mit der Gabel. Sortiere das Essen auf dem Teller um. Wische ein paar Spuren am Mund weg. Reiche ihr das Glas. Und stecke mir ein Stück Brot in den Mund. Gespräche führe ich nur am Rande. Ich höre zu. Die anderen sprechen. Ich rede mit Lotte.

Nach dem Nachtisch verschwinden die anderen Kinder. Lotte bleibt bei mir. Sie hat keine Wahl. Die Wohnung ist nicht barrierefrei. Das macht ihr wenig Spaß. Mit ihren Händen schiebt sie sich vom Tisch weg. Und zeigt auf ihren Rollstuhl. Ich setze sie um. Eine Eskalation will ich in jedem Fall vermeiden. Lotte zieht sich ihre Kopfhörer über die Ohren. Es dauert nicht lange, und sie taucht in ihre Welt ab. Und ich lande in der Gesellschaft. Jetzt kann ich reden. Fragen zu Lotte beantworten. Und mich auch bei anderen Themen einmischen. Lotte fährt durch den Raum. Sie beobachtet, während sie nicht nur von mir beobachtet wird.

Kasimir kommt regelmäßig vorbei und sucht nach passender Musik für seine Schwester. Als eine Live-Band zu spielen beginnt, nimmt er ihr die Kopfhörer ab. Lotte stellt sich in die erste Reihe. Klatscht und jubelt. Dann macht sie sich auf den Weg. Sie fährt genau zu denjenigen, die sichtbar Angst und Unbehagen verspüren. Ihre Hände berühren ungefragt andere Hände. Nicht zur Begrüßung, sondern als Aufforderung zum Tanzen. Und dann tanzt sie mit älteren Herren Rock'n'Roll und mit jüngeren Damen Cha-Cha-Cha. Und wenn sie eine Pause braucht, steht immer jemand neben ihr. Selten ich. Die Mutigen beginnen, mit Lotte zu reden. Ich spreche mit anderen.

»Deine Tochter ist großartig«, höre ich.

»Lottes aufgeschlossene Art hilft mir sehr«, vertraut mir der Vater der Gastgeberin an.

»Menschen mit Behinderung verunsichern mich. Gleichzeitig habe ich eine große Affinität zu ihnen«, erzählt mir eine hellblonde Frau im schwarzen Abendkleid.

Ich höre Geschichten von Angehörigen behinderter Menschen. Von Erfahrungen, denen ich zustimmen kann. Und Ideen, die ich teilen möchte.

»Hallo«, begrüßt mich eine bekannte Stimme.

Ich gucke nach oben. Dort steht die Jungfrau Maria in einem geöffneten Fenster. Sie hält den Heiligenschein in ihren Händen.

»Lange nicht gesehen«, sagt sie. »Du kommst gar nicht mehr nach Lourdes. Fang«, ruft sie und wirft mir den Heiligenschein wie ein Frisbee aus dem Handgelenk zu.

»Hoppla«, sage ich. Zum ersten Mal halte ich das leuchtende Ding in meinen Händen.

»Schön, dich wiederzusehen«, sage ich und werfe den Lichtkreis zurück. »Ein Heilgenschein fehlt mir ganz bestimmt nicht«, ergänze ich und lache.

»Mich hat auch niemand gefragt, ob ich zur Heldin stilisiert werden möchte«, ruft die Jungfrau.

Mit einem gekonnten Wurf saust das helle Licht wieder auf mich zu. Ich fange und halte es in meinen Händen.

»Das ist schon verdammt einsam auf deinem Sockel«, sage ich.

»Meinst du, ich habe diesen Platz freiwillig eingenommen? Die Luft hier oben ist dünn. Ich beneide dich da unten im Getümmel. Also, was ist mit dir los?«, fragt sie mich. »Läuft doch heute Abend alles so, wie du es dir immer gewünscht hast, und trotzdem scheint dir etwas zu fehlen.«

„Das stimmt. Es ist ein wunderschöner Abend. Wir sind willkommen. Und das fühlt sich gut an.«

»Und?«, fragt die Jungfrau ungeduldig mit einem lang gezogenen U.

»Mir fehlt eine Vision. Eine Eingebung für ein gutes gemeinsames Leben mit Lotte. Ein Geistesblitz«, erkläre ich und schleudere den Heiligenschein etwas zu hoch zurück. Maria geht in die Knie und springt gekonnt in die Luft. Sie fängt, streicht sich die Haarsträhnen aus dem Gesicht und setzt sich den Heiligenschein wieder auf die dunklen langen Haare. Ihr Gesicht leuchtet.

»Die brauchst du«, sagt sie. »Dabei kann ich dir vielleicht helfen. Wenn ich eine Idee habe, wirst du von mir hören. Du findest deinen Weg mit Lotte. Da mache ich mir keine Sorgen.« Sie lächelt.

Lautlos entschwebt Maria in ihrem weißen Gewand in den Himmel. Ihre Füße winken zum Abschied durch das geöffnete Fenster.

»Solche Abende dürften nicht enden«, sagt Kasimir gegen Mitternacht, als wir uns in den Aufzug quetschen. Diesmal bleibt die Fahrstuhltür auf Anhieb zu.

Lottes Augen sind nur noch halb geöffnet. Mit einem Nicken bestätigt sie den Eindruck ihres Bruders.

»Oder, wenn sie enden müssen«, sage ich, »dann sollen solche Abende eben häufiger vorkommen.«

19

Liebe Lotte,

Irgendwas ist immer steht vorne auf dem roten Notizbuch. Heute ist es aus dem Bücherregal gerutscht. Am 19. Mai 2003 habe ich ein Tagebuch für dich begonnen. Da warst du sieben Monate alt. Es gibt nur einen einzigen Eintrag in diesem Buch. Danach blieb es ungeschrieben. Ich puste den Staub weg und lese die Zeilen. Ein Foto klebt auf der zweiten Seite. Du liegst auf meiner Brust mit einem großen Herzpflaster auf der Wange und einem dünnen Schlauch in der Nase. Darunter steht: *Am 08. Oktober 2003 durfte ich dich zum ersten Mal auf den Arm nehmen.* Da warst du sieben Tage alt. Jetzt bist du vierzehn Jahre. Und ich kann mich noch intensiv an den ersten Körperkontakt mit dir erinnern. Ich war unsicher, als ich dich aus dem Wärmebettchen nehmen durfte. Dein Kopf hing schlaff nach vorne. Das geht allen Neugeborenen so. Du hattest eine blau-weiß gestreifte Mütze an. Damit du warm und behütet bleibst. Und anstatt deiner Augen hattest du den Mund aufgerissen. Dein Atem hat nach süßem Quark gerochen. Dein Gesicht sah ganz normal aus. Mit leicht geöffneten Lippen hast du auf meiner Brust geschlafen. In dem Moment habe ich mich gewundert, wie leicht es war, Mutter zu sein. Und wie schwer es für dich gewesen sein muss, auf die Welt zu kommen. In eine Welt, die von lauten Geräten, grauen Tapeten und von Menschen ohne Behinderung dominiert wurde.

Ich selbst bin vor einundvierzig Jahren mit den Füßen

zuerst auf die Welt gekommen. Auch das war keine normale Geburt. Für deine Großmama zählen die Geburten ihrer Töchter zu den drei schönsten Ereignissen in ihrem Leben. Ich kann das nicht behaupten. Aber wer wären wir heute, wenn die Geburt anders, normal verlaufen wäre? Du? Ich? Und auch Kasimir.

Ich war als Kind ganz ähnlich wie du. Wenn mir etwas nicht passte, habe ich lauthals geschrien und mit den Füßen aufgestampft. Ich habe meine Schwestern gebissen und gekniffen und mir die Haare gerauft. Meine Mutter war in vielen Situationen überfordert und hilflos. Ähnlich wie ich. Manchmal habe ich meinen Koffer gepackt. Dann bin ich in den Garten ins Gestrüpp gezogen. Dort habe ich stundenlang den Spinnen beim Weben ihrer Netze zugesehen. Das kannst du nicht machen. Das ist anders.

Meine Schwestern und Cousinen fanden mich häufig anstrengend. *Beleidigte Leberwurst* oder *Rumpelstilzchen* wurde ich genannt. Dein Bruder und deine Cousins halten dein Gebrüll ganz gut aus. Sie mögen dich genau so, wie du bist. Und vor allem bist du ein Fels in der Brandung, wenn sich die anderen Kinder streiten. Du hörst zu, wertest nicht und verteilst Küsse. Deine Cousins und dein Bruder nehmen dich auf Erkundungstouren und zum Ballspielen mit. Sie reden mit dir, auch wenn du nicht antwortest. Die Jungs wischen deine Spucke weg, wenn es tropft. Sie kämmen dir die Haare. Und abends kommen sie im Gänsemarsch an dein Bett und sagen dir Gute Nacht. Diese Welt gefällt dir. Und mir auch.

Als ich dich im Krankenhaus das erste Mal auf dem Arm hielt, wusste ich nicht, was uns im Leben erwartet. Ich spürte aber, dass alles gut werden würde. Ich hatte Lust auf das Leben mit dir. Und genau das ist es, was mich heute immer noch trägt.

Dein Atem riecht nicht mehr nach süßem Quark. Du

bist ein Teenager. Das beweist auch dein Musikgeschmack. Die Kinderlieder von früher interessieren dich immer weniger. Du liebst eingängige Popmusik und deutschen Hip-Hop. Auf deine Kleidung legst du nicht besonders großen Wert. So interpretiere ich deine Geste, wenn du morgens die von mir zur Auswahl auf deinem Bett ausgebreiteten Formen und Farben auf den Boden wirfst.

Ich hingegen hatte große Kämpfe als Kind mit meiner Mutter. Kleidung war mir total wichtig. Sie durfte auf keinen Fall schön und musste in jedem Fall form- und farblos sein. Diese Auseinandersetzungen scheinen mir erspart zu bleiben. Bisher.

Als ich dich im Krankenhaus das erste Mal hielt, konnte ich mir nicht vorstellen, dich eines Tages wieder loslassen zu müssen. Jetzt bist du in der Pubertät. Du veränderst dich. Die Jungs in deiner Klasse sind mittlerweile größer als ich und im Stimmbruch. Ich sehe deine Blicke, wenn du auf der Straße jungen Männern auffallend kurz, aber intensiv hinterherschaust. Das habe ich in deinem Alter auch so gemacht. Nur konnte ich den Auserwählten kleine Liebesbriefe zustecken und telefonieren. Dabei kann ich dir leider nicht helfen. Das müssen andere machen. Für mich wäre es undenkbar gewesen, wenn sich meine Mutter in diese Angelegenheiten eingemischt hätte.

Ungefähr einmal im Monat findet eine Disko statt. Da gehst du gerne hin, aber nicht mit mir. Das verstehe ich. Vorher triffst du dich mit anderen Jugendlichen in den Räumlichkeiten eines Familienentlastenden Dienstes. Dort kocht ihr zusammen, schminkt euch und habt Spaß. Ich hole dich in der Disko erst gegen 22:30 Uhr wieder ab. Und wenn ich dich dann unter der silbernen Glitzerkugel tanzen sehe, kann ich kaum glauben, wie still und klein du vor vierzehn Jahren in mein Leben gekommen bist. Du stehst umringt von Girlanden und rausgeputzten Mädchen und Jungen auf der Tanzfläche. Deine Haare sind zu einem Knoten hochgesteckt, und dein schwarz-weißes Oberteil ähnelt meinem Geschmack in deinem Alter. Deine Hände befinden sich an den Rädern. Nicht nur dein Oberkörper tanzt rhythmisch zur Musik, sondern auch der Rollstuhl. Ihr dreht und wendet euch im Takt. Ich komme von hinten angetanzt, fühle mich jung und frei. Kaum siehst du mich, winkst du mir und rufst lauthals *Tschüss* in meine Richtung. Du packst die Hand deines Nachbarn, und ihr dreht euch so lange, bis ich dich von der Tanzfläche runterrollen muss. Ich wollte auch nie nach Hause gehen, habe mich in die Arme von jungen Männern geflüchtet, aus denen mich andere wieder entwirren mussten. Die Pubertät ist erst der Anfang des Loslassens. Und was kommt dann? Weißt du, wie dein Leben später aussehen soll?

Ich habe mir mit vierzehn Jahren keine großen Gedanken über meine Zukunft gemacht. Mir war aber klar, dass ich eines Tages ausziehen würde. Und dann bin ich direkt nach dem Abschluss der Schule nach Frankreich gegangen. Weit weg von zu Hause und mit Tränen. Die Besuche zurück in die Welt meiner Kindheit waren schön. Aber ich hatte auch mein eigenes Leben.

Zu deiner Geburt haben wir ein Horoskop geschenkt gekommen. Einige Jahre lag es vergessen unter meinem Bett. Jetzt blättere ich regelmäßig darin herum. Vielleicht um wieder Antworten auf meine Fragen zu finden. Viele halten astrologische Deutungen für Quatsch. Mich fasziniert das Fazit, *Lotte sehnt sich danach, ein ganz gewöhnliches Kind zu sein. Ihr Handeln ist gebremst von ihrer Angst vor der Zukunft.* Diese Sätze machen mich nachdenklich. Das Horoskop wurde zu einem Zeitpunkt erstellt, als die Diagnose deiner Behinderung noch nicht existierte. Leidest du darunter, anders zu sein? Wovor hast du Angst? Und wie stellst du dir deine Zukunft vor? Ich spreche mit dir über unterschiedliche Lebenskonzepte. Du schweigst dazu stoisch.

Ich wünsche mir für dich ein Leben inmitten der Gesellschaft. Jetzt und in der Zukunft. Nicht in einer Sonderwelt. Ich wünsche mir für dich und für viele andere Menschen mit Behinderung eine Lebensform, die selbstverständlich ist und auf Augenhöhe miteinander geschieht. Nicht nur innerhalb der Familien. Du kannst dir sicher sein, es gibt eine gemeinsame Welt für uns. Nicht nur auf Reisen durch die Mongolei. Sondern auch hier in Berlin. Dafür brauchen wir andere engagierte Eltern, neugierige und aufgeschlossene Menschen.

Ich will ungewöhnliche, noch nicht geebnete Wege mit dir gehen, einen Ort finden, an dem wir die nächsten Jahre mit anderen Menschen zusammenleben. Eine Kooperation mit dem Jugendamt und weiteren Organisationen eingehen, damit wir ausreichende Hilfen bewilligt bekommen. Ich würde morgens länger im Bett liegen bleiben. Wir treffen uns mit Kasimir beim Frühstück. Du angezogen und fertig für die Schule. Ich geduscht und vielleicht noch im Bademantel. Dann wärst du nicht mehr darauf angewiesen, nachmittags oder am Wochenende mein Programm mitmachen zu müssen, weil du nicht alleine zu Hause bleiben kannst. Sondern es gäbe andere junge Menschen, die sich deine Ideen anhören und mit dir Zeit verbringen. Wenn du erwachsen bist, willst du bestimmt ohne mich mit anderen zusammenleben. Das wünsche ich mir auch. Wir würden uns besuchen und weiterhin zu magischen Orten in den Ferien reisen.

Jedes Jahr im Herbst quäle ich mich mit derselben Frage. Was wünschst du dir zum Geburtstag? Du antwortest nicht. Zumindest nicht mir. Deine Lehrerin hat erzählt, dass du dir letztes Mal ein pinkes T-Shirt und eine rote Reithose gewünscht hast. Beides lag eingepackt vor dir. Erst hast du die Kerzen des Geburtstagskuchens samt Wachs auf die Tischdecke gepustet. Danach hat dir dein Bruder beim Auspacken assistiert. Nur die Reithose fand etwas mehr Beachtung. Bei diesem Anblick hast du mit der Zunge geschnalzt. Das machst du immer, wenn du vom Reiten redest. Seit der Mongolei fährst du einmal die Woche mit deinem Einzelfallhelfer zu einem Isländer-Ponyhof. Darauf freust du dich bereits montags. Du imitierst das klackernde Geräusch der Pferdehufe und schaust mich fragend an.

»Ja, Donnerstag gehst du reiten«, bestätige ich dir.

Dann lachst du und verlässt gut gelaunt die Wohnung.

Ich falle immer wieder in alte Gewohnheiten zurück. Vor allem an deinen Geburtstagen. Deswegen mache ich dir auch Geschenke, über die du dich nicht freust. Für mich sind das Gesten, Symbole, Relikte aus der vermeintlichen Normalität. Ich kann es nicht lassen und schenke dir einen Spiegel und Schminksachen. Dir sind materielle Dinge nicht wichtig. Du magst Kutschfahrten, Fußmassagen und vor allem netten Besuch. Das größte Geschenk sind die Großmütter. In Rot oder Grau. Je nach Haarfarbe. Wenn eine von beiden plötzlich in der Tür steht, entzündet sich ein emotionales Feuerwerk. Dein Gesicht färbt sich von blassrosa bis dunkelviolett. Deine Augen verschwinden hinter deinem Grinsen. Alles an dir ist in Bewegung. Und das stundenlang. Kein greifbarer Gegenstand bleibt an seinem Ort. Wenn die Großfamilie zusammen am Tisch sitzt, sich alle an den Händen halten und lauthals *Guten Appetit und esst auch alle mit* rufen, dann bist du glücklich.

Liebe Lotte, ich schreibe dir, obwohl ich nicht weiß, ob du diese Zeilen jemals selbst lesen wirst.

Das waren meine ersten Worte, die ich am 19. Mai 2003 in

das Tagebuch schrieb. Vielleicht war das auch genau der Grund, warum ich wieder aufgehört habe, dir über unser Leben zu berichten. Heute bin ich mir sicher, dass du meine Zeilen lesen kannst. Ob dich meine Überlegungen interessieren, weiß ich nach wie vor nicht. Das wirst du mir vielleicht eines Tages verraten. Sehnsüchtig warte ich auf den Moment, an dem du das Bedürfnis hast, mit mir zu sprechen. Ich meine, so viel über dich zu wissen. Tatsächlich ist es nur ein Bruchteil. Den Rest lässt du unkommentiert im Raum stehen.

Irgendwas ist immer und wird auch in Zukunft immer so sein. Jetzt feiern wir deinen Geburtstag. Ohne großen Geschenketisch. Mit einer Großmutter. Und Würstchen. Eventuell Thermalbad. Oder Musiktheater. Vielleicht auch einem Diskoabend mit Helene Fischer. So, wie du es dir wünschst.

Herzlichen Glückwunsch, liebe Lotte!

Deine Mama

Epilog

Feierlich schreiten wir durch ein Blumentor.

»Lächeln«, ruft der Fotograf.

Zumindest ich grinse in die Kamera. Häufig lächle ich, obwohl ich lieber weinen würde. Heute ist es ernst gemeint. Lotte schiebt sich auf dem Bild die Finger in den Mund. Kasimir schließt beim Abdrücken die Augen. Trotzdem ist das Foto eine schöne Erinnerung an den Rosenball.

Die Aula in Lottes Schule erkennen wir kaum wieder. Bunte Papierblumen zieren die Wände. Lampions schaukeln an Schnüren, die sich durch den Raum ziehen. Auf den Tischen stehen Windlichter, neben den Tellern liegen Servietten mit Rosen bedruckt.

»Herzlich willkommen«, begrüßt uns ein Lehrer. »Was wollt ihr trinken?«, fragt er Lotte und Kasimir.

Ich bekomme ein Glas Sekt zur Begrüßung in die Hand gedrückt.

»Hallo, Frau Latscha«, ruft Jan. Lottes Mitschüler kommt quer durch den Raum auf uns zugerannt und schüttelt mir die Hand. Etwas zu fest und etwas zu lang, finde ich.

»Tanzen wir später zusammen?«, fragt er.

»Meinst du mich?«, frage ich. »Oder Lotte?«

»Ich weiß nicht«, sagt Jan. »Das ist zu kompliziert.«

»Dann tanzt du eben mit uns beiden«, erwidere ich.

Und genau in dem Moment, als Jan mir zur Bestätigung einen Handschlag geben will, gießt sich Lotte den Orangensaft in ihren Schoß. Sie trägt ein weißes Kleid mit blauen Punkten. Und jetzt ist es gelb.

»Ich hole Klopapier«, ruft Jan und läuft zur Toilette.

»Nicht so schlimm«, sage ich und hebe Lotte aus dem Rollstuhl.

»Halt dich am Tisch fest.«

Lotte stellt sich hin. Ihre Beine knicken ein, aber sie findet Halt. Ich wische den Boden und den Gummibezug ihres Rollstuhls trocken. Lotte hat eine Idee. Sie greift nach der Tischdecke. Mit einem breiten Grinsen zieht sie Teller und Kerzen auf den Boden. Gleichzeitig beginnt Hildegard Knef mit sonorer Stimme *Für mich soll's rote Rosen regnen* zu singen.

Der Rosenball findet in Lottes Schule einmal im Jahr statt. An diesem Abend feiern alle Schülerinnen und Schüler der achten Klassen den Abschluss ihres Tanzkurses. Die Mädchen, Jungen und Lehrkräfte erscheinen in langen Abendkleidern und dunklen Anzügen. Ehemalige kommen zu Besuch. Ein DJ ist auch da. Vor der Aula stapeln sich Fleischbällchen, Brezeln und Tomaten-Mozzarella-Spieße auf dem Buffet. In der Cafeteria werden Getränke verkauft.

»Ich nehme Lotte mit«, sagt Frau Heist. »Sie darf sich noch ein bisschen frisch machen für den Eröffnungswalzer.«

Kasimir und ich heben gemeinsam mit anderen Eltern die kaputten Teller auf. Viele gucken. Niemand schimpft. Und keiner glotzt.

Zu sehen gibt es einiges. Eltern rennen hinter Kindern her. Jugendliche quetschen sich flüsternd in die Ecken. Das Licht wird gedimmt. Und der schnauzbärtige Tanzlehrer klatscht in die Hände. Dann öffnet sich die Tür. Zu Chers *The Shoop Shoop Song* tänzeln aufgeregte Mädchen und Jungen in die Aula. Sie halten sich an den Händen. In der Mitte des Raumes bleibt die Gruppe im Kreis stehen. Lotte wirft ihren Oberkörper nach vorne und hinten. Jetzt zählt nur noch die Musik.

Does he love me, I wanna know.

How can I tell if he loves me so? If you wanna know, if he loves you so, it's in his kiss.

Handküsse fliegen durch die Luft. Tanzstile variieren. Ein Mädchen läuft aufgeregt im Kreis. Ein anderer Junge bewegt sich nicht vom Fleck. Feste Tanzpartnerschaften scheint es nicht zu geben. Lotte dreht sich in ihrem Rollstuhl. Sie nimmt die Hände, die ihr gereicht werden oder fährt so dicht auf, dass die Auserwählten ihre Aufforderung nicht übersehen können.

»Sprudelwasser, Sprudelwasser«, tönt es neben mir. Mascha weigert sich, auf die Tanzfläche zu gehen. Sie scheint großen Durst zu haben.

Als das Lied endet, steht Jan schnaufend neben mir. Schweißperlen auf seiner Stirn.

»Jetzt geht es los«, sagt er. Sein Mund zuckt nervös.

Als die Walzermusik erklingt, legt Jan seinen Arm auf meinen Rücken. Ich platziere meine Hand auf seiner Schulter. Wir zählen zusammen *eins, zwei, drei.* Unsere Füße bewegen sich im Takt. Wir drehen uns. Mal um uns selbst und mal um die anderen Tanzenden. An diesem Abend dreht sich alles um die Schülerinnen und Schüler aus Lottes Schule. Sie stehen im Mittelpunkt. Aber nicht, weil sie auffallen. Sondern, weil sie hier auffallend normal sind.

»Klappt.« Jan hebt seinen Blick von den Füßen und grinst mich an.

»Klappt«, bestätige ich.

Als die Walzermusik verstummt und *Beat it* von Michael Jackson aus den Boxen wummert, lässt mich mein Tanzpartner auf der Tanzfläche zurück. Kommentarlos verschwindet er in die Cafeteria.

»Darf ich bitten?« Ein junger Mann hält mir die Hand entgegen. »Meine Tanzpartnerin hat mich im Stich gelassen«, erklärt er.

»Gerne«, sage ich und schwinge mein Bein durch die Luft. Irgendwie sieht der ganz normal aus, denke ich.

»Wie heißt du?«, frage ich. Dieses Gesicht kenne ich noch nicht.

Robert schleudert mich irgendwie hinter seinem Rücken entlang. Unsere Hände verlieren den Halt. Wir tanzen weiter.

Vielleicht hat er nur eine Lernbehinderung, vermute ich im Stillen. In Lottes Klasse gibt es Kinder, bei denen die Behinderung nicht offensichtlich zu erkennen ist. Sie können laufen und sprechen. Manchmal ist das Verhalten vehement.

»Ich bin die Mutter von Lotte«, erkläre ich.

»Lotte kenne ich«, sagt Robert. »Das ist die Wilde im Pünktchen-Kleid, oder?«

»Ja«, rufe ich. »Genau die.« Dann krieche ich unter den Armen von Robert durch. Eigenartiger Tanzstil, denke ich.

Er springt und hopst. Dreht sich um seine Achse und dann mich um mich selbst. So lange, bis die Aula zu schwanken beginnt.

»In welche Klasse gehst du? Ich habe dich hier noch nie gesehen.«

»Ich bin der neue Einzelfallhelfer von Joshua«, sagt Robert und grinst.

Joshua geht in Lottes Parallelklasse. Er sitzt auch im Rollstuhl. Und tanzt. Irgendwo in der Aula mit irgendwem. Vielleicht einer Mitschülerin, einer Referendarin oder Betreuerin. Wer weiß das schon.

Zum Glück fährt mir Lotte in diesem Moment in den Rücken. Sie winkt und sagt *Tschüss*. Dann nimmt sie Roberts Hand.

Mama, du nervst, denkt sie wahrscheinlich. Ich gehe zur Seite. Und stolpere. Kein Wunder nach dem Fauxpas.

Die Party ist ein Heimspiel. Hier kennen wir nicht alle, aber viele. Fahrstühle funktionieren, Räume sind barrierefrei, und auf den Toiletten ist genug Platz. Die wenigsten haben Berührungsängste und die meisten Spaß. Auch Kasimir ist beschäftigt. Er steht neben dem DJ-Pult und versucht, seine eigenen Musikwünsche durchzudrücken.

Ich lehne mich an die Bar.

»Lukas hat einen Platz in einer Werkstatt gefunden«, erzählt mir eine Mutter.

»Wohnt er noch zu Hause?«, erkundige ich mich.

»Ja klar«, sagt sie. »Mein Sohn bleibt mir noch erhalten.« Die Mutter umklammert ihr Glas, als wäre es Lukas' Oberarm.

»Und Lotte?«, fragt sie. »Wie lange geht die noch zur Schule?«

»Vier Jahre«, antworte ich. »Lotte ist nicht werkstatttauglich«, ergänze ich. Was auch immer das bedeutet, denke ich. Ist das schlecht? Oder vielleicht gut?

»Und dann?«, fragt die andere Mutter sichtbar unsicher.

»Ich brauche eine Eingebung«, sage ich. »Bisher habe ich noch keinen Ort für Lottes Zukunft gefunden.«

»Warum schicken Sie Lotte nicht auf eine Regelschule?«, fragt mich eine Lehrerin, die neben uns steht. »Ich habe gehört, dass Ihre Tochter viel intelligenter ist als anfänglich erwartet. Vielleicht ist das hier für Lotte gar nicht mehr die richtige Schulform.«

»Warum eigentlich nicht?«, sage ich. Alles ist möglich.

Darüber habe ich bereits nachgedacht. Nicht nur, weil Lotte viel mehr kann, als wir ihr zugetraut haben. Sondern auch, weil ihr die Welt da draußen gefällt. Weil wir Veränderungen brauchen und mutig sein müssen. Den Sprung ins kalte Wasser machen wir ja nicht zum ersten Mal.

Vielleicht nicht zuerst mit dem Kopf. Sondern mit den Füßen. Und dann von einem Beckenrand zum nächsten schwimmen. Nicht im lauwarmen Therapiebecken weiter rumplanschen. Das macht Spaß, aber nur für den Moment. Steigt man aus dem Wasser wieder raus, geht das Frieren und Bibbern los.

Als mir Kasimirs und Lottes Lieblingslied entgegenschallt, kann ich nicht länger meinen Rücken gegen die Bar lehnen. Ich stelle mein Getränk ab und gehe zurück in die Aula. Die Tanzfläche ist voll. Lottes Stuhl leer. Robert hält sie an den Händen. Sie hüpfen über die Tanzfläche. Kasimir setzt sich in den Rollstuhl und vollführt Kunststücke. Ich ziehe meine Schuhe aus, denn jetzt brauche ich Bodenhaftung. *Ich heb ab,* singt Sido, summt Lotte. Kasimir und ich brüllen das Lied *Astronaut* lauthals mit.

Nachwort

Wenn einer träumt, bleibt es ein Traum.
Wir träumten gemeinsam, so wurde es Wirklichkeit.

– Albert Schweitzer

Ich habe den Rosenball als Schluss für dieses Buch gewählt, weil mein Ringen um eine gemeinsame Welt mit Lotte an diesem Abend so schön aufgegangen ist. In der Sonderwelt. Über das Gelingen einer wirklich inklusiven Welt kann ich hier nicht schreiben: Diese Welt gibt es nicht.

Ein Jahr nach Lottes Einschulung trat 2009 die UN-Behindertenrechtskonvention in Deutschland in Kraft. Damit intensivierte sich die Debatte um Inklusion. Ich war zu diesem Zeitpunkt abgelenkt von meinen eigenen Fragen. Die Diskussion um Teilhabe am Leben der Gesellschaft streifte mich am Rande. Heute will ich mehr, als nur mein Leben in den Griff zu bekommen. Ich habe immer noch viel zu tun. Wie die meisten. Aber mein Hamsterrad hat eine Klappe. So entkomme ich zumindest phasenweise der Routine des Alltags. Die Selbstverständlichkeit in Portugal, die Weite der Mongolei und die Offenheit in Lourdes haben mein Gedankengefängnis gesprengt. Selbstüberwindung heißt mein Zauberwort. Menschen mit Behinderungen oder Angehörige Behinderter müssen unbedingt auch auf die anderen zugehen, sie ansehen, mit ihnen reden, ihnen helfen, ihre Unsicherheit zu überwinden. Vor allem dann, wenn wir eine gesellschaftliche Veränderung möchten. Im Angesicht der Hilfebedürftigen wird fast jeder hilflos. Und das soll so nicht bleiben. Inklusion ist für mich ein Zustand, in dem jeder Mensch gleichberechtigt und gleichwertig ist. Natürlich auch dann oder besonders dann, wenn Menschen die eigenen Bedürfnisse nicht verständlich mitteilen können. Inklusion ist hierzulande häufig nur möglich, wenn Einzelne außergewöhnliche Anstrengungen auf sich nehmen. Gemeinsame Verantwortung sollte die Parole für ein aktives Umdenken und Umgestalten der Gesellschaft sein. Wir haben viele schmerzhafte Erfahrungen machen müssen. Und einige wundervolle Momente und Begegnungen erleben können.

Dranbleiben, dabeibleiben, die Sturmsegel setzen und mit voller Kraft voraus. An Bord braucht es Mut zum Scheitern, Möglichkeiten, Gewohntes neu zu hinterfragen, und einen langen Atem, wenn Flaute angesagt ist. Zwischendurch, dann, wenn gar nichts mehr geht, werfe ich mich ins Wasser und lasse mich von den Wellen tragen. Tolle Menschen stehen mir zur Seite. Sie helfen tagtäglich. Mit guten Worten, einer Hand, einem Lächeln, mit ihrer Anwesenheit und neuen Ideen. Ihnen widme ich dieses Buch. Bedanken möchte ich mich insbesondere bei den Großmüttern, meinen Schwestern, meiner Familie, meinem Freund mit seiner starken Schulter, Freundinnen und Freunden, Lottes Einzelfallhilfen, ihrer Klassenlehrerin, dem Schulteam, den Ärztinnen, Therapeutinnen und Krankenschwestern aus dem SPZ, die uns mit Wissen und Herz begleiten. Meiner Schreibgruppe, meiner Journalisten-Freundin, dem Team aus dem Montparnasse, das mir immer wieder einen inspirierenden Ort zum Schreiben zur Verfügung gestellt hat. Organisationen wie dem *Kinder Pflege Netzwerk, Einhorn e.V.* und die *Lebenshilfe* bieten beste Informationen für betroffene Familien. Erstaunlicherweise meide ich Selbsthilfegruppen und

Stammtische. Aber wenn mir andere einen Einblick in ihren persönlichen Erfahrungsschatz gewähren, dann spüre ich, wie viel Kraft und Mut mir dieser Austausch geben kann. Dasselbe möchte ich mit diesem Buch erreichen.

Das Schreiben hat mich meine ersten grauen Haare gekostet. Vielleicht ist das Zufall. Oder der Zahn der Zeit. Zumindest gehören die letzten Monate mit zu den intensivsten meines Lebens. Wichtig ist mir zu betonen, dass es sich hier nur um meine Sicht auf die Dinge, um meine Erfahrungen und Wahrheiten handelt. An wenigen Stellen musste ich die Chronologie minimal verändern. Die meisten Namen habe ich geändert. Ich hole keine Geheimnisse zum Vorschein, habe den Text auch beiden Kindern vorgelesen. Natürlich weiß ich, dass Lottes Einverständnis nicht so eindeutig wie Kasimirs zu deuten ist. Aber sie hat *Ja* gesagt. Und ich glaube ihr. Was anderes bleibt mir nicht übrig.

Vieles in unserer Gesellschaft muss noch erträumt und dann Realität werden. Zum Beispiel, dass das Besondere irgendwann besonders normal ist.

Lottes Lieblingslieder

Atemlos durch die Nacht – Helene Fischer
Beautiful – Seeed
Ich flieg vor und du ein Stück dahinter – Joely und Oliver
Bella Bimba – Kinder vom Kleistpark
Doof geborn' ist keiner – Gripstheater
Shalom Chaverim – Kinder vom Kleistpark
Frosch und Maus – Frederik Vahle
Bomm Bomm Tschika – Kinder vom Kleistpark
Stimme – EFF
Trau dich – Gripstheater
Geile Welt – Cro
Alles Neu – Peter Fox
Astronaut – Sido feat. Andreas Bourani

Hilfen & Links

Lesen

Rupert Isaacson: Der Pferdejunge. Die Heilung meines Sohnes. Krüger Verlag, Frankfurt am Main

http://sz-magazin.sueddeutsche.de/texte/anzeigen/43681/Ins-Ungewisse

Reisen

http://www.tjarkshof.com
http://www.juhu-berlin.de

Pilgern

http://www.malteser-lourdeswallfahrten.de/startseite.html
http://www.br.de/mediathek/video/sendungen/stationen/wunderkinder-104.html

Helfen

http://www.kinderpflegenetzwerk.de
http://www.deineinhorn.de
https://www.lebenshilfe.de
www.bjoern-schulz-stiftung.de
www.inklusionsfakten.de
julialatscha@gmail.com

Bildnachweis

Alle Fotos im Farb-Bildteil von Julia Zimmermann
Fotos im Textteil: privat S. 33, 39, 56, 180, 192; Julia Zimmermann S. 70, 165; Michael Abril S. 139

Maaike Sips

PAPA MONICA

Als mein Vater plötzlich kein Mann mehr sein wollte und ich versuchte, cool zu bleiben

»Monica kontrolliert ihr Make-up im Spiegel über dem Waschbecken und nestelt ein bisschen an ihrer Frisur herum, unsicher, ob sie auch ›passabel‹ ist. Merken die Leute um uns herum etwas? Für sie gibt es kein größeres Kompliment, als wenn sie ein Fremder spontan als Frau anspricht. Ich achte darauf, sie nicht zu verraten. Mehr als vierzig Jahre habe ich ›er‹ gesagt, und man verspricht sich schnell.«

Einfühlsam und mit viel Humor erzählt Maaike Sips die Geschichte ihres Vaters, der mit über 65 plötzlich ankündigte, kein Mann mehr sein zu wollen. Und sie taucht dabei ein in die Vergangenheit eines Menschen, den sie erst jetzt so richtig kennenlernt …

KNAUR